2020

輝く

ナンバーワン

企業

2020年版

21世紀を拓くエクセレントカンパニー

浪速社

「煌めくオンリーワン・ナンバーワン企業　２０２０年版」
21世紀を拓くエクセレントカンパニー

はじめに

新型コロナウイルスの感染で日本経済は大きな打撃を受けています。とくに観光、運輸、ホテル、飲食などのサービス産業をはじめとした業界のダメージは大きく、外出自粛による医療機関の経営悪化も取り沙汰されています。帝国データバンクによりますと、新型コロナウイルスの影響で、破産などの法的手続きをとって倒産した企業と、事業を停止して法的整理の準備に入った企業は、今年二月から九月までの累計で五百社を数え、今後も増えていくことが予想されています。

今年四〜六月期の実質国内総生産（ＧＤＰ）速報値が年率換算で二七・八％の大幅減となり、リーマンショック後（二〇〇九年一〜三月期の年率一七・八％減）を上回って戦後最悪のマイナスとなりました。新型コロナ禍に伴う外出の自粛、営業時間短縮や休業などによる個人消費の減少が要因とされます。実質ＧＤＰが大きく落ち込んだのは日本だけではありません。米国は年率三二・九％減、ユーロ圏十九カ国では四〇・三％減と、いずれも記録的なマイナスとなりました。

政府は融資や各種給付金の実施など、懸命な財政出動を行いましたが、今回の打撃に見合うだけのお金を国民・企業に行き渡らせるまでには至っていません。社会の様式が激変し、今後もコロナウイルス感染の動向次第では世界にどのような影響が及ぼされるのか計り知れません。とりわけ「新冷戦」といわれる米中の対立は国際経済の今後に暗い影を投げかけ、地球規模のサプライチェーンの再構築に迫られています。

先行きの見えない今、日本経済が立ち直り、飛躍していくために必要なのは、国民一人ひとりの意識変革ではないでしょうか。仕事があるのが当たり前という感覚から、仕事があるのが幸せという感覚へ。そしてパナソニックの創業者、松下幸之助の言葉である「社員一人ひとりが経営者の意識で仕事に取り組む」という気概が今こそ求められているといえます。このような仕事への向き合い方が、今後の日本経済復活、飛躍のカギとなるように思われます。

今回、シリーズ第五弾となる「煌めくオンリーワン・ナンバーワン企業　二〇二〇年版」が発刊の運びとなりました。ここに収録された経営者の皆さんは、コロナ禍にめげず不断の経営革新とオリジナリティあふれたチャレンジ精神で企業の発展、成長に尽力され、ピンチをチャンスに変えるタフで逆境に強い経営を構築されています。

本書では、斬新なビジネスモデルや独創的な商品・サービス、また経営者の強烈なリーダーシップや経営を力強くサポートする情熱と意欲にあふれたスタッフの活躍が活き活きと描かれています。ここに収録された二十二社の企業はいずれも、「独創性」を身上とする企業文化、斬新なハード・ソフトのイノベーションを駆使し、コロナ禍においても不断の研鑽を怠らずサスティナブルな成長を遂げる活力あふれる企業ばかりです。

本書が、ウイズコロナあるいはポストコロナに向けてオンリーワン企業、ナンバーワン企業、リーディングカンパニーへ飛躍を期す企業経営者の皆様の今後に何らかのご参考になれば幸いです。

最後になりましたが、本書の制作にあたって多忙な中、私たちの取材にご協力いただきました経営者の皆様、出版に当たって多大なご協力頂いた関係者、スタッフの皆様に深甚の御礼を申し上げます。

令和二年十月

ぎょうけい新聞社

目次

煌めく オンリーワン・ナンバーワン企業 2020年版

21世紀を拓くエクセレントカンパニー

就労機会の拡大で
地域に寄り添う働き方改革の旗手

新たな働き方の提案で地元経済の活性化に貢献

◇◇◇◇◇◇◇◇◇◇◇◇

女性が働きやすい柔軟な働き方を提案し、雇用を促進する環境づくりが私たちの使命です

◇◇◇◇◇◇◇◇◇◇◇◇

株式会社 足立商事

代表取締役　足立　健実

厚生労働省が一億総活躍社会の実現に向け「働き方改革」を実施するなど、日本の労働環境は大きく変革しようとしている。こうした一方では、企業にとって人材不足は深刻度を増している。とくに地方の中小事業者で頭を抱えているのが、若い人材の都会部への流出や、意欲はあるものの子育てや家事など様々な条件でなかなか就労の機会に恵まれない女性の存在などだ。高齢者の雇用促進や外国人労働者、女性の活用などが叫ばれているが、現実には掛け声は勇ましいが実態には遠く、何より地域の実情に沿った雇用環境の整備が急がれる。

こうした時代背景の中で、地元の人材不足解消に大きく貢献し、全国から注目を集めている企業が兵庫県丹波市にある。足立健実氏が代表取締役を務める株式会社足立商事だ。生活雑貨の卸売や通販サイトの出荷代行、梱包作業の代行など様々な業務を展開する足立商事は、社員、パートに対して遅刻・早退・欠勤ＯＫの独自の「フリーフレックスタイム制度」を採用。柔軟な勤務形態によって、幅広い層の多くの人々に就労機会を広げる試みに成功している。

丹波市内で他の企業が人手不足に悩む中で、順調に雇用拡大を続ける足立商事の実力は高く評価され、兵庫県が設置したビジネスアワードやクリエイティブの表彰で数多くの受賞に輝いている。

東京から大阪を経て、ふるさと・丹波の地で独立開業

卸売からＥＣ店舗の運営や物流、賃貸事業もスタート

平成28年、生活雑貨の卸売業として兵庫県丹波市で創業した足立商事。プリザーブドフラワーの加工や通販サイトの出荷代行、ピッキング・梱包作業など流通加工業にも手を広げ、創業から４年

フリーフレックスタイム制を採用。従業員のモチベーションは高い

で年商10億円規模へと目覚ましい成長を遂げた。

リクルート東京本社の営業職として勤務していた創業者の足立社長は、契約社員として有名クーポン雑誌のインターネット版の営業を担当した。契約期間が満了してリクルートで継続して働くか転職するかを決断する際に、一旦地元の丹波市に戻る決心をする。

そして足立社長は、知人が大阪で経営していた貿易会社に就職した。管理職として卸売部門を全面的に任されたが、5年後に卸売部門のアウトソーシング先として独立することになった。

「大阪で独立すると倉庫代や会社の家賃などかなりのお金がかかります。しかし実家のある丹波市だと倉庫の賃料が安く、知人も多いため、この地で独立することにしました。既に結婚もしていたので、妻と共に生活・日用雑貨の卸売業としての事業を始めました」と振り返る。

取り扱ったのは当時便利グッズと呼ばれるもので、やがて卸売業に加え品物の管理・保管やピッキング、梱包、出荷作業など、卸売業に付随する流通加工サービスも手掛けるようになった。

こうして足立商事は卸売からEC店舗の運営や物流、さらに賃貸事業もスタートさせることになり、急ピッチで事業を拡大していった。取引先も順調に増えていき、5人の従業員を雇い入れた。当時足立社長は、「当分はこれくらいの規模で事業していくことになるだろう」と思っていたそうだ。

遅刻・早退・欠勤OK!フリーフレックスタイム制度導入

柔軟な働き方の導入で、従業員が一気に4倍以上に

しかしほどなく足立商事は大きな転機を迎える。新たな仕事の受注に伴い、従業員が一気に22人まで増えたのだ。そのきっかけは同社独自の働き方にあった。足立商事は子育て中の従業員に対して、子供が体調を崩した時などは自由に帰ったり途中で抜けたりしても構わないという柔軟な働き方を採用していた。このため女性従業員から「ここほど働きやすい会社は丹波のどこにもない」と非常に喜ばれていた。

「働きたいのに『家庭の都合で会社を休むなら辞めてくれ』と言われ、安い賃金で内職せざるを得ない女性が少なくありませんでした」と当時の世相を語る足立社長。

独自の柔軟な働き方を採用していた足立商事は、やがて従業員の中から、『知人が当社で働きたいと言っているのですが、雇ってもらえませんか』という声が多く寄せられるようになった。

そこで足立社長は、「従業員が自由に遅刻や早退、休むことができる勤務制度を整備すれば、子育て世代や高齢者を抱える女性をはじめ多くの人が、安心して働けるのではないかと実感しました」という。

しかし多くの人を雇うには、それだけの仕事を用意しなければならない。そこで丹波市でドライフラワーやプリザーブドフラワーを生産・販売している株式会社大地農園に、「主婦を集めて自由なワーキングスタイルで仕事をしたい」と申し入れた。すると大地農園からは、「面白そうですね。仕事を出しますので

よろしく」と話がまとまった。

足立社長は雇用の拡大に伴って、それまでの働き方を見直すことにした。まずパートタイマーは前の週までに希望のシフトを午前8時～午後6時の間で申告する。遅刻や早退、欠勤にペナルティはなく、さらに遅刻と早退に関しては30分以内なら連絡も不要という「フリーフレックスタイム制度」を整備した。

さらに仕事は完全ノルマ制とし、個人で作業日報を書いて目標管理を行う。応募して社員に採用された人たちから、「ノルマはあるけれど自由に働ける会社が丹波にある」との口コミが広がって応募が殺到し、慌てて締め切ったことも。この時最終的に22人を新規採用した。

勤怠や生産性管理などの課題はシステムやマニュアルでクリア

従業員がモチベーション高く、効率的に働ける環境作りに成功

業務を始めるまでは不安もあった。過去にフリーフレックスタイム制度を取り入れたものの、上手くローテーションができずに失敗した企業もあったからだ。しかしフリーフレックスタイム制度を実施して2年半が経過する今日まで、1日当たり平均38人が出勤し、1人当たり6・2～6・3時間程度の勤務実態で、フリーフレックスタイム制度は順調に機能している。

「子供の用事や家族の介護以外にも、ご本人が美容院に行ったりお友達とランチをしたり、プライベートを充実させるためにフリーフレックスタイム制度を利用してもらっています。働く時はしっかり働き、子育てや介護など必要な時にしっかり集中する。人生においてメリハリの利いた時間の使い方を自分で決めることができるのが大きな利点です」と足立社長は胸を張る。

現在足立商事には20代から70代までの女性が働いているが、これほど幅広い年代層が働いている企業は珍しい。採用に関する問い合わせは途切れることがなく、欠員を待ってもらっている状態だという。フリーフレックスタイム制度には勤怠や生産性の管理など解決すべき課題もあるが、足立社長はそれらを一つひとつクリアしていった。まず課題解決の柱としたのが、「社員1人で100人のパートタイマーを管理するにはどうすればいいか」という想定だ。勤怠管理ではクラウド型のシステムを利用している。勤務時間を1分単位でデータ化し確認することができる。従来のように接触式のタイムカードを使い、人力で給与計算をするスタイルに比べずっと効率的な管理が可能になった。

プリザーブドフラワー加工風景

　また作業時間をデータ化するので、効率の下がっている従業員が一目でわかり業務改善にも役立てられる。例えば生産性が低い従業員の勤務態度をチェックし、雑談が多いなど時間の使い方に問題があるのか、会社のノルマ設定に無理があるのか、ハサミなど支給している備品が使いにくいのかなどの原因究明ができる。

　足立商事のノルマ制を支えているのが、全従業員が記入する作業日報だ。例えばプリザーブドフラワーの加工では各従業員にストップウォッチを配布し、1時間当たりどれくらいの作業ができたかを測定して日報に記載する。これで社員が目を光らせなくても、パート一人ひとりが自ら生産性を管理することができる。

「もし数字をごまかされたら？」という疑問もあるが、先に紹介した勤怠管理データと突き合せれば、矛盾点はすぐにわかるのでごまかしようがない。逆に自分で生産性を管理することで各自に目標が生まれ、モチベーションも上がるという。成果に応じた時給アップの制度も備えているのでなおさらだ。

さらに生産性の高い従業員やパートの作業手順をマニュアル化し、全員でシェアすることで高いレベルでの作業の平準化が図れ、生産性の向上につながるというメリットがある。

地方の雇用拡大と人材流出の歯止めを実現！

兵庫県や丹波市から高い評価を受け、数々の賞を受賞

「働き方を見直すにあたり様々な会社を見学しましたが、上司が監視していたり、私語厳禁でひたすら作業をさせたりするやり方が珍しくありませんでした。当社では厳格なノルマを課する代わりに音楽を流して、清潔な環境で、作業の邪魔にならない程度のおしゃべりもOKと決めました」

現在、足立商事には兵庫県内外の多くの企業から働き方に関する見学が後を絶たない。事業の拡大に伴う雇用の増大とフリーフレックスタイム制度によって、足立商事は丹波市の雇用促進に大きく貢献してきた。

近年兵庫県は隣接する大阪府や京都府への人口流出が多く、若い働き手を取られている状態だ。その理由は、若い層が働く場所が地方に存在しないことだ。働く場所がないから地方に人手がなく

なる、人がいないから仕事が生まれないという悪循環に陥っている。

　足立商事が立地する柏原職業安定所管内の令和2年6月の有効求人倍率は1・11で、人材の獲得はかなり厳しい状況だ。対策として海外から実習生を呼び入れたり、派遣社員を活用したりして補うものの、どちらも長期的に対応は難しい。それは会社に高いスキルを持つ人材の確保が困難となり、事業を持続させる上で最も深刻な問題だ。足立商事のような働きやすい会社には、丹波市に働き手をがっちりと留めておく力があるのだ。

女性が働きやすい環境を実現

　足立商事の実績は兵庫県や丹波市から高く評価された。「ひょうご信用創生アワード」や「ひょうごクリエイティブビジネスグランプリ」、女性の活躍推進に取り組む企業に支援される「女性活躍推進協定」（丹波市）、ひょうご仕事と活性化センターの「推進宣言企業」で受賞・表彰されるなど数々の栄誉に輝いている。

　足立代表は「ひょうごクリエイティブビジネスグランプリ」は新しい技術の開発などが対象とされており、クリエイティブな働き方という部分でマッチングはしたものの、受賞には至らないだろうと思っていたそうだ。ところが蓋を開けてみれば堂々の知事賞だった。フリーフレックスタイム制度によって、地元の市町村、あるいは兵庫県から他府県へ人材の流出を防ぐことができるという点が評価されての受賞だった。

今後は障がい者雇用にも意欲的に取り組む

意欲があるのに働けない人、低賃金に甘んじる人ゼロに

今秋、足立商事は会社の敷地で300坪の工場を建設し、新たに食品加工業を始める。以前から食品加工会社の依頼で食品加工の一部は請け負っていたが、全体を担当するには食品衛生管理者や食品衛生責任者などの資格取得が必要になるため断っていた。その他の工程はその食品加工会社が別の工場で行うので、それ以上はお願いしないという条件でうまく仕事が回っていたのだ。

ところが昨年、その食品加工会社から当てにしていた加工工場が使えなくなり、人手も足りず困っていると足立社長に相談が寄せられた。そこで足立社長は、「人手は確保するので、仕事を発注してくれればこちらで食品加工を引き受ける」と新工場の建設となった。完成すれば西日本で最大級の製菓工場が完成する。

事業と雇用の拡大を続ける足立商事だが、今後は積極的に障がい者雇用に取り組みたいという。最大の目的は親や兄弟姉妹と死別しても障がい者が経済的に独立できるよう支援することだ。自社の隣に障がい者支援を行っている企業の寮があることから、この計画を考えたそうだ。実現すれば足立商事の果たす役割はさらに大きくなるだろう。

「柔軟な働き方をもっと広めて、制約が多くて働けない人や内職しかできず安い時給に甘んじていた人をゼロにしたいんです」と語る足立社長。今や足立商事は雇用に悩む地方の希望の星と言っても過言ではない。雇用拡大を通して地域経済の活性化に貢献する足立社長の一挙手一投足に期待が集まる。

President Profile

足立　健実（あだち・たけみ）

昭和 54 年兵庫県生まれ。地元丹波市の県立氷上高等学校卒業、上京して大原簿記専門学校を卒業。
株式会社リクルート東京本社に勤務後、関西で貿易会社に管理職として入社。卸売業の一部を引き継ぎ、丹波市で足立商事を起業し、大手量販店を顧客とした卸売業を開始する。国内ネットショップを顧客とした卸売業及びこれに付随する流通加工サービスを開始。自社ネットショップの開設によって、生活雑貨を中心とした小売直販事業を開始。春日町に自社工場（倉庫）を購入、新たな外注加工サービスを開始。事業拡大により従業員雇用を拡大。

Corporate Information

株式会社 足立商事　ADACHI SHOJI

所在地	〒669-4131　兵庫県丹波市春日町野村 2359 TEL 0795-78-9620　FAX 0795-78-9621 URL https：//adachi-shoji.com
設立	平成 28 年
資本金	300 万円
従業員数	50 人
事業内容	・製造事業：プリザーブドフラワー、精密部品の検品、鞄の値札付けなど ・E C 事 業：自社サイトの運営、他社サイトの商品管理・出荷代行・カスタマー代行など ・物流事業 ・卸売事業：中国・韓国・アメリカをメインに生活雑貨・家電・衣類などの仕入・オリジナル商品の OEM・ODM ・賃貸事業：自社の敷地・建物を賃貸スペースとして活用・管理
経営理念	新たな試みと、さらなる進化。地域に貢献する会社を目指して。

パフォーマンスを最大化し、人生をプラスに変革する世界初の脳力開発法を生み出す

自らの実体験・理論研究をベースに万人に『再現性』を発現する「AFA（アファ）式」脳力開発法を発明、完全体系化に成功

英国アファ式脳力開発プログラムは、脳力・英語力アップ及び、人生満足度の最大化を実現します

APPLIED FAITH 株式会社

代表取締役　徳永　誠

「社会人として身につけたいスキルは」というアンケート調査では、毎回必ずといっていいほどTOP3に入る英語やビジネス英会話。習得したい人が日本中に溢れているにも関わらず、「勉強を続けるのが難しい」、「思ったほど実力が伸びない」などの理由で修得を諦める人が後を絶たない。そのためか、「今度こそ英語をマスターする！」と力強いメッセージを掲げた英語学習法や語学習得のハウツーもの書籍・動画が巷に溢れている。こうした中で、短期間で英検1級・準1級合格やTOEIC900点以上取得が可能になると評判の脳力開発プログラムが、APPLIED FAITH（アプライド・フェイス）株式会社代表取締役で英国WARWICK（ウォーリック）大学院経済学修士、徳永誠氏の開発した「AFA（アファ）式」である。英語脳力獲得に圧倒的な効果を誇る「アファ式」だが、実は単なる英語学習法に収まらない。巷に溢れる小手先のテクニックで英語を捉えるのではなく、全ての学習や知識習得発揮の本質となる、人間の「脳力」を引き出すことで語学力の劇的アップを可能にする、全く新しい世界初のプログラムだ。世にあふれる英語学習法とは根本的にアプローチする次元の異なる、斬新な手法といえる。

経験と深い洞察、知識体系をベースに確実に結果に繋げる

英国の超名門大学院経済学修士取得を実現した『万人に効果を発現する』脳力開発法プラグラム

徳永代表は、ある夏2週間の旅行で訪れたイギリスで、洗練された街並みや人、そして自然や大学の美しさに衝撃を受けた。そして、現地書店で購入した世界的ベストセラー『7つの習慣（7Habits of Highly Effective People）』の原書を日本に戻り熟読した後、約一カ月後に英国留学、及び、本場英国での経済学学位（ディプロマ）及び、修士取得を本気で考えるようになり決意に至ったという。英語圏以外の国からトップランクの大学・大学院に留学する際は、世界中から出願が殺到する為、選抜のためにTOEFL（Test of English as a Foreingn

東京駅から徒歩１分の場所にある代表の丸の内オフィス

Languege）、GRE（Graduate Record Examination：大学院共通試験）、GPA（Grade Point Average：大学学部での評定平均）、及び、Essay（志望動機）等の書類を提出しなければならない。徳永代表は、「アファ式」スキルの徹底実践により入学選抜試験対策で効果的に高い成果を出し、経済学分野において世界最高峰とされるLSE大学（London School of Economics：ノーベル経済学賞13名輩出）の経済学プログラムに合格した。LSE上級マクロ経済学、ミクロ経済学コースはLSE学部内コースで最難関の試験を課すコースであったが、徳永代表は中間・期末各3時間の実力試験に上位成績でパスした。

「当時、LSE上級マクロ経済学コースのクラスメートは全45人でした。その中にはハーバード大統計学部主席の奨学生韓国人やロシアの大学院経済学部教授、日本からは経産省官僚等、世界中から学業エリート達が集まってきましたが、それでも約2割の学生にF（落第）がつくほどの厳しい競争環境でした」

翌平成16年にイギリスの超名門・ウォーリック大学院で経済学修士号を取得した。同大学院の修士コースは平成28年にノーベル経済学賞を受賞し、ハーバード大学経済学部学部長も歴任したオリバー・ハート氏も１９７２年に修了している。イギリスから帰国した徳永代表は、インテル・ジャパンや日本コカ・コーラなどの業界最大手の外資系企業で活躍。その後40歳を機に、ＡＰＰＬＩＥＤ ＦＡＩＴＨ株式会社（アプライド・フェイス：意訳・誠実さを実践して日々より良く生きる）を立ち上げ、自らの実践体験・20年以上にわたる研究をベースにした脳力開発法・英語習得法・その他コンサルティングのサービス提供を開始した。「英国アファ式」体系化のインスピレーションの一部は、徳永代表の英留学時の天才的クラスメート達の学習スキルの直接的観察・分析の結果から得られたものだという。

「経済学部の優秀な仲間達は、例外なく高い脳力と集中力を兼ね備えていました。その中で難関科目ゲーム理論のクラスで仲の良かったイギリス人との直接的対話の中で、彼も人には話さない本質的脳力発揮スキルを（私自身が日々使ってきたのと同様に）活用して高いパフォーマンスを上げていた事が明らかになったのです」。

「アファ式スキルでは極初歩的なものになりますが、あるスキルと並行して、呼吸スピード及び深さを最適化していくと、脳に酸素が安定的かつ効果的に多く供給されるようになります。一方で乱れると安定供給が損なわれ、コルチゾールやアドレナリンといったストレスホルモンの増加に繋がります。呼吸及び意識の乱れは、右脳と左脳の統合的働きも阻害して、知能や運動のパフォーマンスに影響を与えるのです」。徳永代表は、「アファ式」の実践・応用により、趣味のボーリングでは自己最高スコア279点（10回連続ストライク）、また、フルマラソンでは3時間17分（2015年東京）の記録も1年弱の短期練習で達成しているというから驚くばかりである。

アファ式脳力開発法プログラムの3つの柱

難しさや根性論とは無縁。誰でも結果を出せる秘密とは

アファ式脳力開発プログラムには、「脳力開発法」、「英語習得法」、「人生満足度最大化スキル」の3つの柱がある。まず「脳力開発法」は、集中力・IQ・記憶力・思考力・創造力・やる気、そして体力の全てをアップさせ、脳内を学習最適状態へと導く。幾つかのアファ式基本スキルを訓練して身につけていくことでそれが可能となる。次に「英語習得法」では本質を貫く無駄のない特別な学習法で、英検5級レベルから英検1級合格まで全ての級に対応可能だ。因みにネイティブ同等に会話や読み書きができるレベルとされる英検1級合格のレベルは、TO

ＥＩＣ換算では９５０点以上に値する。通常の学習法では、10年かけても到達が困難な領域といわれるが、アファ式では働きながらでも2年以内に到達が可能だ。３つ目の「人生満足度最大化スキル」では、深いレベルでの価値観の特定、及び、意味をもつ目標・ミッションの設定を行う。人生全般にわたる満足度を最大化してくためだ。「本当にそんなことができるのだろうか？」と疑問を持つ人に対して、徳永代表は、「自己の意識の使い方を知り、日々実践して鍛えていくことで、全ての人が例外なく脳力を高め使命に気づくことができる」と答える。それを客観的に初めて確認したのは、徳永代表が大学生の時だったという。

「学生当時、家庭教師のアルバイトをしていたのですが、「アファ式」の基本スキル三つ・四つを教授し、身につけさせた高3生、中3生そして小6生の成績は何れも皆、ごく短期間で驚くほど上昇していきましたね」

最初はどの子も成績は芳しくなかったそうだが、「アファ式」スキルにより、みるみる学力を上げていった。小6生徒は、受験直前の12月の模擬では4科目平均が30点代で合格は絶望的であったが、2月の本試験では見事7割以上を取り第一志望校の国立大付属中学に見事合格したという。カギは集中力の発揮・持続法を体得させ、学習時・試験時に最高のパフォーマンスを発揮できるスキルを身につけさせたことだ。

「アファ式では難しいことや無駄な努力を課すような事は一切しません。社会人であれば、その方の本質的価値観も見抜き、人生の目標、つまり使命に気付き、内側から湧き出るエネルギーを使える状態に様々な角度から導いていきます」

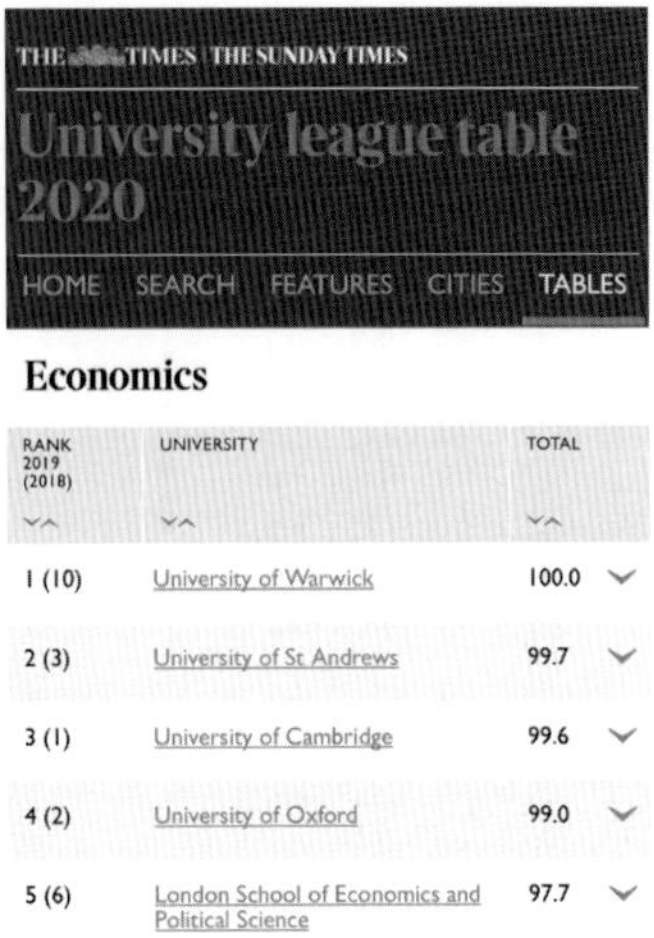
THE TIMES | THE SUNDAY TIMES
University league table 2020
HOME SEARCH FEATURES CITIES TABLES
Economics

RANK 2019 (2018)	UNIVERSITY	TOTAL
1 (10)	University of Warwick	100.0
2 (3)	University of St Andrews	99.7
3 (1)	University of Cambridge	99.6
4 (2)	University of Oxford	99.0
5 (6)	London School of Economics and Political Science	97.7

2020年英国大学経済学部ランキングでトップ校の修士を取得

海外ビジネスや難関大・医学部突破の英語力が短期で身につく

短期間で効果的に習得した膨大な数の語彙力を日常生活で運用できるレベルにまで高める

英語習得には多種多様な学習法があるが、「アファ式」では実践的語彙力を短期間で身につけることを最重要視している。平均的なアファ式顧客生徒達は、脳力開発法スキルを活用して、わずか数か月で3000語から4000語以上の英単語を習得していく。徳永代表は、「短期間で大量の語彙力を身につけた後は、それを日常生活で使っていくことで実践的かつ立体的な真の英語力が身につきます」と語る。そしてこれに加え大切なのは、「学習の目的を常に意識しておくこと」だとも。「英語力を駆使して何か価値ある目標を達成したい」という強い思いがあれば、その知識を組み合わせ、思考する「知恵」を発揮できるようになるという。

「例えば、海外ニュースを聞くようにして、海外の経済情勢を日々の生活の中で自然に学んでいったり、英語サイトのニュース・記事から価値ある情報を収集していくようにします。また、英文メールを書く際には、アファ式で習得した語彙・イディオムを意識的に引き出しながら文章を作成するようにします。そうすることで知識（語彙）と思考（表現）がより深く繋がっていきます。膨大な数の語彙力をベースに、英語の語順で理解・発信していく事が生きた英語力を身に付ける上でのカギとなる訳です」。

「受講者の中には、1年弱で7000語以上（準1級レベル以上に相当）をほぼ完全に記憶されている方も複数います。こうした変化も、アファ式脳力開発法を駆使して英語学習を積めば十分に可能です」。徳永代表の言葉通り、「アファ式」を受講している経営者や、医師・歯科医師、一級建築士、会社員、受験生など、様々な受講者の多くが短期間で英検合格、TOEIC数百点アップ、難関大学多数合格など目に見える成果を出している。

「アファ式」が高い人気と信頼を集める5つの理由

各個人が持つ力をフルに発揮できる究極の実践的手法

「アファ式」がなぜ多くの人に選ばれ、高い人気と信頼を得ているのか。それには5つの理由があるという。

1つ目は脳力・能力が飛躍的にアップすること。「アファ式」でいう脳力を高めるとは、まず脳波状態を整えて脳内ホルモンバランスを最適化していくことだ。思考がクリアになり集中力を発揮・維持できる状態へと「意識」の力を用いて導く。脳科学的視点では、脳内のミッドα波領域を増やし、ストレスホルモンや雑念（不安・疑念）を生じさせる脳の回路であるDMN（Default Mode Network）の働きを制御していく。アファ式ではそれを意図的にできる手法を身につけるため、学習時の記憶効率性や数学的思考力を高めることができる。勿論、感情のコントロール力も高められるのはいうまでもない。

「アファ式の超基本スキルの1つは私の開発した『パワー呼吸法』を日々実践によりまず身につけることですね。脳波を整えて集中力を引き出し維持し続けるには、頭で理解するだけでは足りず、日々の習慣化によってスキルを体得・実践活用していくことが不可欠です」

上述のスキルに加え、日々の食事・運動・睡眠の質を高めていくことも必要である。このため、徳永代表は顧客にアファ式を教授していく際、基本的な生活習慣のヒアリングも行っていく。

2つ目の理由は、確実に目に見える結果を出していることだ。顧客の内在する価値観・性質をクリアにし、「やる気ダイナマイト」に点火してエネルギーを引き出し、さらに習慣化へと導く。各人が生まれながらに持つ潜在的特性・性格・強みを最大限に活用し、心の深部にある真の価値観の気付きへと導いていくのだ。

「脳には潜在意識と顕在意識領域があります。前者は膨大な情報体系に繋がっていますが、残念ながら年齢が上がるにつれて潜在意識領域への扉は閉ざされがちになります。しかしアファ式スキルを体得することでその未開の閉ざされた領域にアプローチしやすくなるのです」

３つ目は本物の指導を行っていることだ。英国トップの経済学大学院を優秀な成績で修了し、一流外資系企業2社でも活躍した徳永代表自らが、対面式セッションできめ細やかに指導して確実に成果を引き出していく。

「教授手法は顧客に応じて最適な形に変化させますが、全てに共通する軸は、「心」「体」「気」の3点に働きかけてそれらの調和を創り出していくことです。それを、アファ式脳力開発法、英語習得法、人生満足度最大化スキルの教授を通して行っていく訳です」

さらに４つ目は、価格以上の価値を常に提供していることだ。「プログラムの内容は個々の顧客の要望によってカスタマイズし、結果に繋げる事を最優先して柔軟に対応しています」

そして5つ目は、人生全般にわたる満足度を向上させていくための本質的な考え方とスキルを身につけられることだ。脳力や英語力のアップに加え、人生満足度を最大化する。これを可能にするのはどういった手法なのか。

「アファ式」の究極のゴールは人生満足度を最大化していくこと

「その人らしさ」を生かしていくこと。自然体でより輝く人生を生きるスキルを獲得

「アファ式では、人生の満足度を決定づける要因の一つは、脳から分泌されるホルモンの質にあると考えます。さらに個人の生まれ持つ性格や価値観、及び、周囲の環境がその質を決定していると考えます。したがってアファ式では順序を踏んで、受講者一人ひとりの特性の掘り下げを行っていく訳です。その人らしさや価値観を最大限に生かして生きること、またそれを可能にする環境を獲得していくことこそが、良いホルモンの分泌を促し、人

英国「アファ式」命名の
インスピレーションに繋ったロンドン風景

生満足度を大きく向上させていくことに繋がります」。徳永代表によると、「アファ式」の最終的なゴールは顧客の「人生満足度の最大化」であり、その根幹にあるのが、「愛・英知・強運・富・体力・優雅さ・感謝・尊敬」という8つの幸福の要素だという。「これらは全ての人間が幸せを感じて生きる上で欠かせないものなのです」

このような話をすると、学習法ではなく「心理学やスピリチュアルみたいだ」とも思われそうだが、徳永代表は、「アファ式は私の専門分野の一つである経済学の合理的意思決定理論、及び、（自然思想）統計学理論を軸に体系化しています」と語る。例えば品質や容量、製造年月日まで何もかもが同じで、価格が200円と50円の商品があったとしたら、普通は50円の方を迷わずに選ぶ。これが合理的意思決定だが、脳に過剰なストレスがかかり、正常な判断が出来なくなっている場合、または、『値段が高いほど質も高いに違いない』という様に、無意識の思考にバイアスがかかっている場合、合理的判断ができなくなり、結果的に200円の商品を選んでしまう。「そういう不合理な意思決定を人生の重大な局面で避けていく為にも、まず初めに脳力開発法に取り組み、シャープでクリアな脳を獲得していくことが大切なのです」

脳力と英語力を高めつつ、個人の特性や価値観を明確にして正しい判断・知恵・意思決定力を養い、人生の満足度を最大化出来るようにして行く事こそが「アファ式」の真骨頂というわけだ。

「今後は、人生をより輝かせる「アファ式」スキルを国内で更に広め、何れは世界中に広げて世の中をより良い形に導いていけたら素晴らしいですね」と抱負を語る徳永代表。独創性あふれる若きパイオニアのさらなるチャレンジに目が離せない。

President Profile

徳永　誠（とくなが・まこと）

英国留学時に世界最高峰の経済学教育機関（LSE：London School of Economics and Political Science／ウォーリック大学院）で学び、平成 16 年に後者で経済学修士号を取得。独自に開発した英語習得メソッドで語彙力 25,000 語レベルまで短期で引き上げ、TOEFL、GRE、TOEIC で高得点取得。英検 1 級 / CICP 保有。
業界世界最大手企業 2 社の戦略財務部門で活躍後、平成 30 年に APPLIED FAITH（アプライド・フェイス）株式会社を設立。

Corporate Information

APPLIED FAITH（アプライド・フェイス）株式会社

所在地	〒100-0005　東京都千代田区丸の内 1-8-3　丸の内トラストタワー 20 階 TEL　03-5288-7321 URL　http://www.applied-faith.jp
設立	平成 30 年 9 月
事業内容	「アファ式」を軸とする脳力開発法プログラム、英語脳開発スクール運営、コンサルティング業務、他
経営理念	「本物の価値提供により、顧客の人生全般にわたる幸福度向上に力強く・深く関わり最高のプラスを創り出していく」

企業の健康経営に貢献する 島根県のオンリーワン企業

独自の商品・サービスで人々の健康をサポート

「食事と運動」をテーマに、より簡単・簡便に病気予防に取り組める商品やサービスの提供を行っています

ＥＷＰ株式会社

代表取締役　桑原　匠司

糖尿病や高血圧、脂質異常症が厚生労働省によって「生活習慣病」と呼ばれるようになったのは1996年のことだ。それまでの「成人病」という呼び名から呼称変更されたものの、生活習慣病対策の成果は乏しく、がんや脳卒中、心臓病といった三大死因の疾患は増加傾向に歯止めがかからない。三大死因に深く関係する糖尿病では、厚生労働省の平成29年（2017）「国民健康・栄養調査」によると、「糖尿病が強く疑われる者」の割合は、男性18・1％、女性10・5％を占める。また40歳から74歳の人々は健康予防のため、国から特定健康診査（特定健診）の受診が推奨されているが、対象者の約半数が検査を受けないなど、40代以降の健康意識の低さが垣間見える。

こうした傾向に警鐘を鳴らし、健康管理を簡単・簡便に行うサポート事業を展開しているのが、自然豊かな島根県に本社を置く株式会社EWPだ。アメリカでアスレチックトレーナーとしてメジャーリーガーの体のメンテナンスに務めてきた桑原匠司氏が帰国後に立ち上げた会社で、現在は健康管理システムやアプリの開発、特定保健指導機関などを事業の柱として、多角的に人々の健康をサポートしている。

渡米してアスレチックトレーナーの資格取得

「PHIピラティス」に出会い、CODE7を立ち上げ

島根県出身の桑原社長は高校時代に陸上部で怪我をし、この時日本ではまだ認知度が低かったアスレチックトレーナーという職業を知った。スポーツドクターやコーチなどと連携をとりながら主にアスリートの怪我を予防するためのコンディション管理やトレーニングをサポートする仕事で、

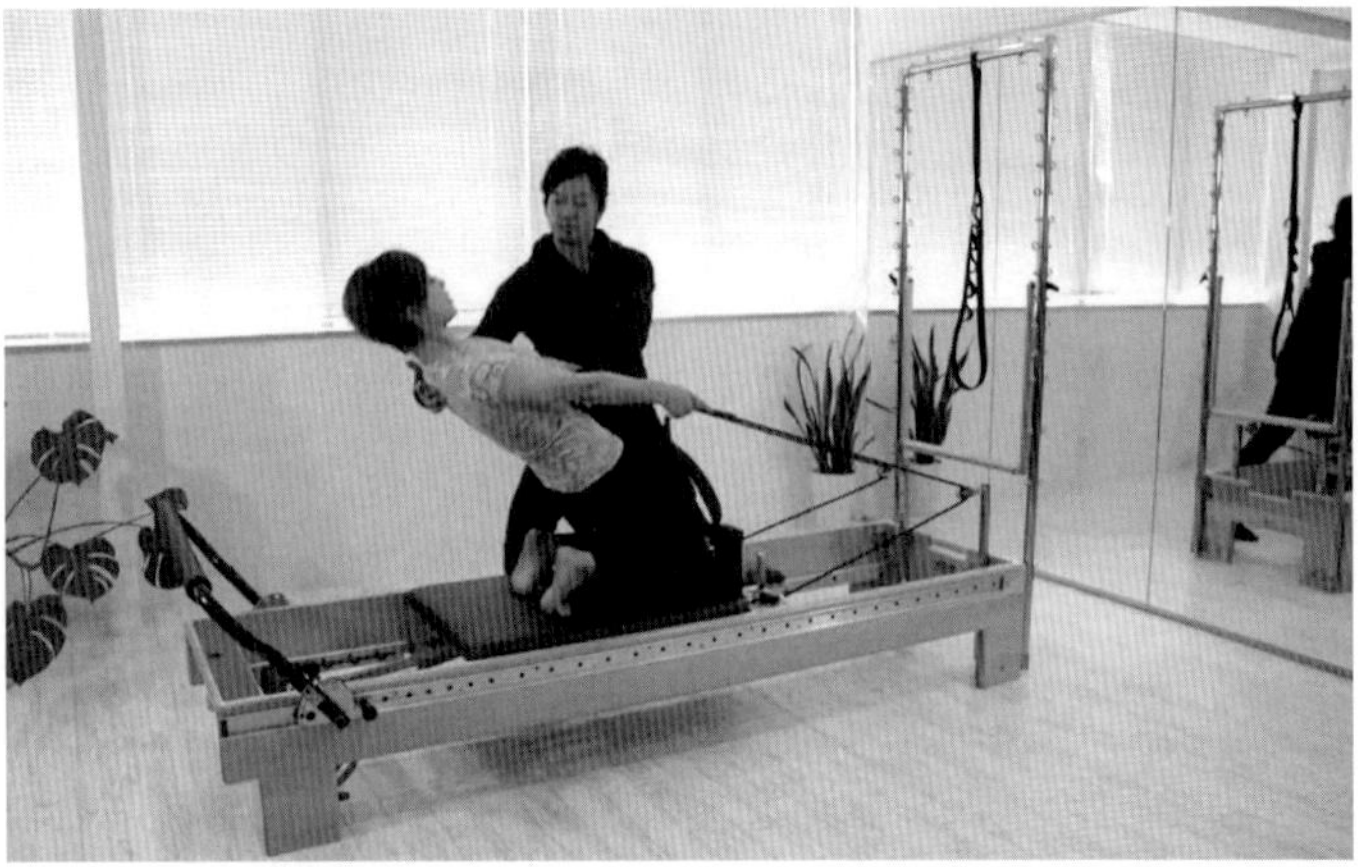

PHIピラティスのインストラクターとしても活動する桑原社長

アメリカでは看護師や理学療法士と同等の国家資格である。

「スポーツ医学や救急処置・栄養学・心理学など、あらゆる知識を必要とする責任の重い仕事です」

アスレチックトレーナーという職業を知った桑原社長は、当時アメリカの大学でしか資格が取得できないことを知り、渡米して勉学に励んだ。

「やるからには一流のトレーナーとしてメジャーリーグのサポートを目指しました」という桑原社長は、努力を重ねてアメリカンリーグ中地区所属のシカゴ・ホワイトソックスのアスレチックトレーナーに就任した。選手の怪我のケアや体調管理は勿論、グラウンドを回って釘を拾うといった地道な作業まで、精緻を極めたサポートに尽くしてきた。

「緊張感に満ちた勝負の世界に生きるトップアスリートの徹底したトレーニングや、食事管理などを通して意識の高さを感じました」と米国時代を振り返る。

選手のパフォーマンス向上のため、より高いサポート技能を求め研鑽に励む中、桑原社長が偶然出会ったのが「ＰＨＩピラティス」だった。これは、体の歪みを整えることによって、肩こりや腰痛の緩和、体の痛みを軽減するエクササイズの一種だ。日本に帰国後、桑原社長はＰＨＩピラティスのトレーナーを育成する会社、CODE7を立ち上げた。

「今ではトレーナーの育成に加え、プロのアスリートや運動部に所属する学生、慢性疾患を抱える一般の人への指導も行っています」

著名な芸能人もお忍びで足を運ぶなど、CODE7の事業が評判を呼ぶ一方、米国でトップアスリートの徹底した栄養管理などを目の当たりにしてきた桑原社長は、日本人の健康管理に対する認識と増加する糖尿病患者の実態に危機感を抱いていた。

働き盛りの世代を病気から守りたい一心でEWPを設立

病気予防に繋がるヘルスリスクアセスメントを開発

そして、とくに働き盛りの世代を病気から守りたいという一心から、健康に特化した新しい事業に取り組もうと平成28年にEWP株式会社「Employee（従業員）Wellness（健康）Program（計画）」を設立した。

「多くの糖尿病は健康への意識が低いことが招く病気です。健康意識の高い人は日頃の生活からリスク管理を行いますが、そうでない人は喉が渇くとか目が乾くなど、何らかの症状がでてこないとなかなか糖尿病に気付けない。そうなってからでは遅いのです」

糖尿病は40歳以上の4人に一人が発症している疾患で、腎症や網膜症・神経障害などの合併症を引き起こすことが多く、脳梗塞や心筋梗塞になるリスクが2倍以上も高まる怖い病気である。糖尿病の増加の原因は日本人の健康意識の低さだけではなく、初期の自覚症状が無いため、気づけず、注意が向かないせいもある。ＥＷＰではこのため、体の各部を従来の健康診断よりも深く精査することができる独自のプログラムを開発した。それがヘルスリスクアセスメントだ。

「例えば健康診断で中性脂肪が高いという結果が出たとします。それを私たちのプログラムで精査すると、他のところにも注意が必要ということが分かります」

ＥＷＰ独自のチェックプログラムによって、自覚症状がなくても将来病気になる可能性のある箇所や留意すべき点が分かり、リスクの低いうちから予防的に正しい生活習慣を心がけることができるというわけだ。桑原社長はヘルスリスクアセスメントを企業に提案していく中で、「健康な人ほど健康への意識が高く、健康でありたいと願っている」人と、「痛みがなければ健康だと思っている」人に分かれることに衝撃を受けたという。

「日常的に飲酒や喫煙している人や、メタボ体型の人でも、身体に変調や痛みがなければ自分は健康だと思っている人が多いことを実感しました。手術をしたりして生活がガラッと変わらなければ健康の重要性になかなか気づかないようです」

国には特定健診でひっかかった人が食事や運動、生活アドバイスを受けることができる「特定保健指導」という制度があるが、これを利用する人は「ひっかかった人のわずか2割ほど」だと嘆く桑原社長。「残りの8割の人たちが日本の医療費の1兆8千億円を使う人たちなんです」

経済産業省・JETRO主催「始動～Next Innovator～2019（グローバル起業家等育成プログラム）」に選出

栄養管理の専門家向けアプリ、「おむすび」を開発

今や国民健康保険の財政はピンチに瀕しており、制度自体の抜本的改革が問われている。膨れ上がる医療費を削減できる唯一の方法は、国民全体の個々の健康に対する意識の向上だ。平成20年に改正された労働契約法により、企業が社員の体調管理に配慮する事が義務付けられたが、会社は社員の健康管理にお金を出したがらない傾向にある。会社を指揮する年代である50代の健康意識が低い事も原因となっている。そこで桑原社長は20代、30代の若者層に着目し、「彼ら健康意識の高い世代が企業を引っ張る時代にはヘルスリスクアセスメントも受け入れられるはず」と先を見据える。

「20～30代の若者世代は自分の体に少しでも異常があるとすぐにネットで調べる癖がついていま す。自分の健康に関心がない人は、健康予防のためにお金や時間をかけたがりません。逆に健康意識が高い人は予防のためにお金や時間を惜しみません」

健康に対する意識改革を強調する桑原社長は、「食事と運動」をテーマに、より簡単・簡便に病気予防に取り組める商品やサービスの開発。同時に健康に対する教育が先決すべき課題だという判断から、新たな経営の舵を切る。

ＥＷＰは令和元年に経済産業省のグローバル企業１００社を育成する経済産業省・ＪＥＴＲＯ主催「始動～Ｎｅｘｔ Ｉｎｎｏｖａｔｏｒ～２０１９（グローバル起業家等育成プログラム）」に選ばれた。学識経験者や世界の著名な企業経営者がメンターとなって、半年から1年かけて経営の本質をレクチャーするビッグプロジェクトだ。このプログラムで学んだ桑原社長は、毎日の食事を撮影して体調や栄養を管理するアプリ「おむすび」を、栄養管理の専門家向けに開発した。写真で撮影した料理を栄養指導者とそのユーザーが共有し、必要なアドバイスをラインのようなメール形式で送り合うことができるといったものだ。

「極力シンプルな構成にしています。ユーザーは料理の写真ごとに専門家からのアドバイスを確認できるなど、とてもわかりやすくなっています」

桑原社長は人（栄養管理の専門家）と人（ユーザー）とのコミュニケーションの部分にこだわり、「機能を食事の写真と、それに伴うメッセージのやり取りのみに絞りました」と説明する。管理栄養士や企業に所属するトレーナー向けに令和2年8月から販売している。アプリをダウンロードし、IDとパスワードを登録するだけで開始でき、多種多様な人が利用することから、将来的には症例を共有するプラットフォームとしての機能も想定しているという。多くの管理栄養士やパーソナルトレーナーなどが所属している一般社団法人栄養コンシェルジュ協会とも連携するなどし、リリース以来、利用者を順調に増やしている。

「おむすびは、専門家とユーザーを結ぶ食事管理に特化したアプリでとても使いやすい。是非多くの人に活用して欲しい」と呼びかける。

日本人の健康意識を高めようと
セミナー活動も精力的に行っている

簡単・簡便を追求した究極の運動法、「EWPバンド」

食事前後わずか6分間でインシュリンの上昇を抑える

さらに桑原社長は、同志社大学と共和ゴム株式会社が開発した誰でもどんな条件下でも続けることができ、ウォーキングよりも簡単な究極の運動法に使用される「EWPバンド」を開発した。超軟質シリコンゴムを使った持ち運びできるバンドで、毎食前後にたった6分間、このバンドを使った運動を行うことで健康な人の食後血糖値の上昇を抑えることができる。医療用シリコンゴムを使用しているため肌荒れの心配も少なく、バンドは3カ月ほど保つという。また食事前後にその場で行う事ができ、高齢者や車いすの人でも習慣化しやすい。

「タクシーの運転手や、テレワークにより自宅で座りっぱなしの人、熱中症になるのを恐れて運動しなくなる人にもおすすめです。無理なく簡単に続けられる世界初の画期的な商品です」と胸を張る。

桑原社長は自らの事業について、「人類に貢献できるような仕事をしていきたい」と明確に語る。「自分たちが居なくなった後も、ずっと後世に残っていくような良い物を生み出していきたい。そのために何ができるかを常に考えています」という。

若者層を中心に良質な健康教育を

「田舎暮らし」こそこれからの理想的な健康生活

今後の展望について桑原社長は、「高校・大学・社会人一年目くらいの若者に生活習慣病や感染症予防など、質の良い健康教育を実施していきたい」と語る。

人口減少が進む昨今、より一人ひとりの健康に対する意識や行動が重要性を増す。特に新型コロナウイルスへの対策で健康や働き方などライフスタイルに大きな変化が生じた。こうした時代背景

地元、島根県吉賀町とも事業提携を結んで職員から健康になる自治体を目指す

の中で、桑原社長の住む島根県吉賀町は、女性の寿命が沖縄に次いで日本で二番目を誇るなど、島根県自体健康に対する意識が高い。また、清流日本一に選ばれた高津川に流れる美しい自然と豊富な作物に恵まれている。

「これからは空気や水がきれいで新鮮な作物に恵まれた地域に住む人が増えるのではないでしょうか。ICT（情報通信技術）の発達で、地方にいてもリモートで仕事は支障なく行え、遠隔医療の進展などで誰でも田舎暮らしが実現できる環境になってきています。田舎での暮らしこそ、今後の理想的な健康生活ではないかと思います」。

自然豊かな島根の地から、先端技術を駆使して人々の豊かな暮らしと健康のサポートに向け奮闘する桑原社長の飽くなき挑戦は続く。

P r e s i d e n t　P r o f i l e

桑原　匠司（くわばら・しょうじ）

昭和 53 年生まれ。島根県出身。アメリカに渡り、アスレチックトレーナーの資格を取得。その後シカゴ・ホワイトソックスのアスレチックトレーナーに就任。帰国後、アメリカで出会った「PHI ピラティス」を日本で広めるための会社、株式会社 CODE7 を設立。平成 28 年に日本人の健康をサポートしようと EWP 株式会社を設立。

全米アスレチックトレーナーズ協会認定アスレチックトレーナー。PHI Pilates マスタートレーナー。PMA 認定 Certified Pilates Teacher（日本初）。マクドナルドやスターバックス、ザッポスのコンサルをしたマイケル E ガーバーに師事し、インストラクター教育、健康管理、IT 関連などの分野で幅広く活動。

著書の「運動療法としてのピラティス（文光堂）」が、世界で初めてとなるピラティスの医学専門書としてアマゾンランキングのリハビリテーション医学で発売前から 1 位を獲得。

C o r p o r a t e　I n f o r m a t i o n

EWP 株式会社

所在地	〒 699-5512　島根県鹿足郡吉賀町広石 486 URL http://ewp.ai ◉東京：OFFICE 〒 103-0027　東京都中央区日本橋 2-15-3　和孝江戸橋ビル 4F TEL：03-6206-9942　FAX：03-6369-3024
設立	平成 28 年 4 月
資本金	950 万円
従業員数	2 人
事業内容	1. 従業員ヘルスケアプログラムおよびシステムの企画、開発、導入および運営 2. EWP アドバイザー、健康防災訓練士の育成、活動支援および派遣 3. 健康管理および健康防災訓練、従業員健康意欲増進、企業の健康経営に関する支援・コンサルティング 4. ヘルスケアに関するイベントおよびシステムの企画・開発および運営 5. スポーツ用品、健康増進器具、食品、栄養補助食品、飲料衣料、食料、書籍、雑誌、雑貨等の企画、製造、輸出入、卸及び販売
経営理念	健康革命を世界に
ビジョン	Employee Wellness Program®により人々の予防できる健康被害をなくす

明日のデジタル社会を牽引するホロニックカンパニー

安全で高品質なＩＴ環境の構築に寄与する

徳の心を持って事業に邁進し、ＩＴ業を通じて、社会に広く貢献できる企業に育てていきたい

株式会社 インターフェイス

代表取締役　林　　満

日進月歩の進化を遂げるＩＴ業界。今やコンピューターやインターネットは日常生活の隅々まで浸透し、私たちの暮らしや生活にとって欠かすことのできない社会インフラとなっている。ＡＩ（人工知能）技術の台頭をはじめ、様々なメディアで取り上げられている「物とインターネットが繋がれる」ＩＯＴ（インターネットオブシングス）技術の発展により、社会の生活様式やビジネスは、今後ますます激変していくことが予測されている。そのような目まぐるしく変化していくＩＴ業界のなかで、コンピューターが現在のように普及していなかった昭和の黎明期から一貫してコンピューターサービスをトータルに提示し、企業が理想とするＩＴ環境の構築に寄与してきた会社がある。大阪市浪速区に本社を構える株式会社インターフェイスだ。

安定した雇用で優れた人材を育てることが最大の危機管理

顧客目線に立った対応がすべての事業の根幹をなす

インターフェイスの大きな特徴は人材採用に際してはすべて正社員とし、企業の責任において人材育成に力を入れている点だ。これについて林社長は「わたし達の仕事は、お客様の大切な情報を預かり運用させていただくものです。どのような危機管理のチェックも、人の倫理観に勝るものはありません。安定した雇用で優れた人材を育てることが、何よりの危機管理と考えます」ときっぱりと語る。

インターフェイスは、昭和59年に大阪市内で創業した。主な事業は、データ入力部門、システム開発部門、運用・管理・ヘルプデスク部門の３つの柱に分類される。なかでも今一番力を注いでいるのが、システム開発部門におけるインフラ開発のサーバネットワークの設計・構築だ。サーバとはマシンスペックの高い専用の機械を指す。このサーバは顧客の業務特有のアプリケーションシステムを動作させる業務系のサーバと、アカウント認証やシステム監視、セキュリティなど、業務効率化やシステムの管理を目的に動作させる管理系のサーバに分かれる。

「サーバの機能が多様化している複雑な中、お客様と打ち合わせを繰り返して顧客要求などを漏れなく洗い出し、設計に反映するように心がけています」と林社長は強調する。

構築したサーバのテストでは、様々な項目を作成し、その結果導入したシステム運用は安定稼働を実現、クライアントから高く評価をうけている。開発実績はクレジット会社の会員専用ページからの会員情報、支払情報をデータベースより照会するシステムや、保険会社の社員のアカウント・証跡管理、インターネットの閲覧先を制限するシステムなど多岐にわたる。

「まずお客様がどのようなニーズを持っているのか、しっかりとヒアリングすることを徹底しています。お客様の視点に立つことをシステムの構築だけではなく、すべての事業内容において一番大切にしています」顧客目線に立った対応を最重要課題とする林社長の思いが表れる言葉だ。

ロボパットで業務の効率化・自動化を促進

機械工作ロボットのシステム開発にも邁進

少子高齢化の進展に伴う生産労働人口の減少や、働き方改革の推進などを背景に、業務効率化や生産性向上の有力なツールとしてロボットが脚光を集めている。インターフェイスにおいてもロボット事業に意欲的な取り組みを見せている。一つは株式会社FCEプロセス&テクノロジーが開発した「純国産RPAロボパット」のリース販売とトライアル試行、サポートまでを一貫して行う業務だ。RPAとはロボティック・プロセス・オートメーションの略称で、ロボットを活用して業務を効率化・自動化する仕組みのことだ。一般的にRPAといえば企業のサーバ内でシステムを組んだり、エンジニアがソフトを開発したりするプロセスが必要だが、ロボパットの場合はプログラミングの知識を持たない事務職の担当者でも、簡単にロボットのソフトが作成できる。

「プログラマーはプログラムのプロでも、業務のプロではありません。実際に日常業務を行っている人が使い勝手のいいものを作っていける点など、ロボパットはRPAのなかで一般の事務職の方が作れる唯一のものだと思っています」と林社長は言い切る。

若き日の林社長

人間が膨大な単純作業を繰り返すと、どうしてもミスがでてくる。その点ロボットは間違えることがない。それだけでも楽になったとクライアントからは喜ばれているそうだ。導入例として大手出版社の経理部門で支払調書の作成を自動化したり、貿易会社の業務部門で為替レートと自社データを差異があればデータをアップロードするなど幅広い。また、インターフェイスでは機械メーカーと共同で機械工作ロボットのシステム開発にも精力的に取り組んでいる。ロボットのアームに半田やドライバー等の先端ユニットを組み合わせ、ロボットアーム側のプログラムで、アームのすべての動作（直線移動、曲線移動、移動間の初速、加速度等）を行う。さらにコントロールと先端ユニットの全ての動作（動作初速、加速度、動作距離、エラー検知）

や各センサー類のコントロールを行い、機械工作ロボットの自動稼働、滑らかな動作を実現している。

「世界のベンチャー企業にこうした工作ロボットを提供していますが、大手メーカーの大量生産にはない精密で繊細な工作動作を実現できると評価されています。私たちの開発によってベンチャー企業が世界的企業へ成長するサポートができれば大変うれしいことです」と熱く語る。

幼少期の体験が逆境を乗り越え打開の道を切り拓いていく経営者の資質を養う

協調性を学び成長した若きJC時代の日々

林社長は幼少期を西成の天下茶屋で過ごした。祖父が大地主だったため、幼少期は恵まれた生活を送っていたが、父親が借金を残して亡くなってしまうと生活が一変する。

「毎日借金取りが家に押しかけてきて、明日の食べ物にもこと欠くような貧乏のどん底でした。不良になる余裕もなかったです」

残された家族のため必死で働く母親を支えるために、小学校4年生から新聞配達を始めた。高校3年生になるとさらに家計を助けようと塾と家庭教師の事業を立ち上げることを決意する。自らが塾で教え、そのなかで勉強についてこれない生徒には、大学生を雇って家庭教師を派遣する方法を考えだしたのだ。

「高校生で会社を経営していた話をすると、とても驚かれるのですが、私自身はお金がない苦しみというものを嫌というほど味わったので、起業は自然にたどり着いた道でした」

若い時の苦労は買ってでもせよということわざがある。幼少時の過酷な体験が、逆境を乗り越え、打開の道を切り拓いていく経営者としての得難い素地を培ったといえよう。

「お金のありがたみや恐さを知ることができましたし、人の痛みを知り人間の生き方についても深く思いを巡らすようになりました。当時はとてもつらい思いをしましたが、今では神様の与えてくれた貴重な体験だったと感謝しています」と林社長はきっぱりとした口調で語る。

社員一人一人の個性を大切にする社風

林社長が幼少時代と併せて忘れることのできない経験としてあげるのが、若き日の青年会議所（ＪＣ）で過ごした学びの時間だ。ＪＣは正会員の９割が企業の代表者や取締役、あるいは管理職で占められ、リーダーを志す若者の社会活動を目的として昭和24年に創設された。地域の活性化や、子供たちの健全育成など様々なイベントや活動をボランティアで実施している。

大手電機メーカーに勤めた後、27歳で独立、起業を果たした林社長は32歳の時にＪＣに入会した。「分厚い本を週に２冊は読破して、人生で一番勉強しました」と、当時の状況を懐かしむ。

ＪＣで徹底的に叩き込まれたのは周りとの協調性だという。「協調性は言い換えると、どれだけ人の話を聞くことができるかということです。伸びる人は謙虚に人の話をよく聞きます。どんなに優秀であっても人の話を聞かない人はそれ以上の成長は見込まれません。そのことをとことん教えこまれた日々でした」

優秀な仲間と協調しながら切磋琢磨する日々は、確実に林社長の糧となった。「他ではできない経験と学びを与えてくれたまさにJC学校と言えるものでした」と、感慨深げに語る。幼少期の貴重な体験とJC時代の学びが土壌となって、今日の林社長の礎が築かれたといえる。

経営理念は、個性を会社の成長に繋げること

個と全体が調和するホロニックカンパニーを目指す

インターフェイスでは年2回社員総会を開き、林社長の経営戦略や会社の経営方針、経営状況が報告され、全社員が社の現状と今後の方向性を共有する。

「これからはトップダウンではなく、ボトムアップで経営をしていく時代だと考えています」

そう語る林社長が、社会人として最も必要だと考えるスキルに、問題解決能力とそれを導きだす発想性を挙げる。どちらも古い固定概念に凝り固まっていては発揮できない力だ。

自由な環境の中にこそ、柔軟な考えやアイディアが生まれ、企業は発展していく。そう考える林社長は、核の部分は企業全体で共有しながらも、個の部分は社員それぞれの個性を生かし、自由闊達な社風でありたいと話す。

「私が理想とする企業は年功序列や終身雇用など、それまでの旧態以前とした閉塞的な雇用形態ではなく、個性的で実力主義、個性が光る企業です」と熱く語る。

個々には独自で活動しながら全体として調和がとれている様をホロニックというそうだ。「企業

と社員はそのような関係でありたい」と願う林社長はインターフェイスをホロニックカンパニーと銘打つ。「個性を会社の成長に繋げることが弊社の経営理念です」と力強く語る。

創業36年を支えた「徳」と「敬天愛人」の精神

ＩＴ業を通じて社会に広く貢献したい

林社長の執務室には、墨痕鮮やかに「徳」と書かれた色紙が掲げられている。創業から36年が経過した今、ここまで事業を継続できたのは努力や実力だけではなく、この「徳」を大切にしてきたからだという。

「徳とは、見返りを求めずに人のために尽くすこと。人を思いやる心のことです」

徳のある人の周囲には「この人のためならなんでもやってやろう」と応援してくれる人達が集まる。それは、事業をするうえでとても大きな力となるものだ。

また、林社長が自身の人生に最も影響を与えた言葉として挙げるのは幕末の英雄西郷隆盛の「敬天愛人（天を敬い、人を愛する）」である。徳の精神にも通じるこの言葉は、京セラの創業者稲盛和夫氏も深く信奉していることで知られる。

創業当時の社内風景

林社長は「私は事業をするうえでも、人として生きていくうえでも、この言葉を一番大切にしながら歩んできました」と、噛みしめるように語る。

昔の日本人は誰に知られなくても「お天道様がみている」など、目に見えない存在に畏敬の念をもち、自らの行いを律し、戒めた。天に恥じない生き方をすることが当たり前のように身についていたのだ。

しかし、政治家の汚職や、高齢者を狙った特殊詐欺、学校や職場で繰り広げられる陰湿ないじめなど、「良心に反する行い」がまかり通っている現代社会を見ると、日本人は古き良き精神をどこかに置き去りにしてきてしまったようだ。

資本主義経済が限界を迎えている今、これからの時代はどれだけ社会に貢献しているのかという社会志向が評価され、社会をより良くしようと取り組む企業がグローバルスタンダードになると言われる。

「利益を上げるためなら人や環境も犠牲にする」そのような企業は時代の潮流に取り残され、確実に淘汰されていくであろう。

創業以来、徳の精神と、顧客目線で考える経営でＩＴ業界を牽引してきた林社長の果たす役割は大きい。

「これからも徳の心を持って事業に邁進し、ＩＴ業を通じて、社会に広く貢献できるような企業に育てていきたいと思っています」そう語る林社長の瞳がいっそう輝きを増した。

President Profile

林　満（はやし・みつる）

昭和31年5月大阪市生まれ。大手電機メーカーに勤めた後、27歳で独立起業。

昭和59年3月に大阪市東区高麗橋にデータ入力センターとしてインターフェイスを設立。社長に就任。

平成31年4月に本社を現在地の大阪市浪速区湊町に移転。座右の銘は「敬天愛人」。

好きな言葉は「中庸の徳」。

Corporate Information

株式会社 インターフェイス

所在地	〒556-0017　大阪市浪速区湊町2-1-57　難波サンケイビル12階 TEL　06-6648-8101　FAX　06-6648-8102 URL　https://www.intface.co.jp ◉東京オフィス 〒104-0061　東京都中央区銀座1-19-12　銀座グラスゲート9階 TEL　03-6264-4211　FAX　03-6264-4213 ◉名古屋オフィス 〒450-0002　名古屋市中村区名駅4-24-25　第2森ビル5階 TEL　052-583-5051　FAX　052-414-5661
設立	昭和59年3月
資本金	2,000万円
従業員数	212人
事業内容	コンピュータ用入力データ作成業務、スキャニング、端末オペレーション業務、ソフト開発、システム開発、システムコンサルティングサービス、データセンター運用業務、機械監視業務、各種技術者派遣業務
企業理念	一人ひとりが自覚し、調和する集合体、ホロニックカンパニー

新感覚のお洒落なアパート「ブルックリンカフェスタイル」を提供

新しい賃貸業の仕組み作りで不動産業界に新風を巻き起こす

エスプレッソの最大の魅力は、ブルックリンの街角のカフェを彷彿させるおしゃれでスタイリッシュなデザインにあります

株式会社 ESPRESSO

代表取締役　牛田　篔千

ブルックリンの街角を彷彿させるスタイリッシュな空間

従来のアパートのイメージや概念を大きく覆す

ここ数年、ブルックリンスタイルという言葉をよく耳にするようになった。ブルックリンスタイルとはアメリカ・ニューヨークにあるブルックリン地区の特徴である倉庫や古いアパートをイメージしたインテリアのことだ。古いレンガ調の壁紙や無骨な家具を用いることでヴィンテージ感を演出している。そのレトロでおしゃれな雰囲気が、新進気鋭のクリエーターやアーティストの高い支持を集めており、日本でも一躍ブームとなった。愛知県清須市にある株式会社エスプレッソは、こうしたブルックリンスタイルのアパートメントの設計から販売までを行い「かっこよくて、おしゃれな空間に住みたい」という入居者に絶大な人気を集めている。

「当社の家賃は相場よりも高い設定になっていますが、ぜひここに住みたいと思って入居される方が後を絶ちません」と牛田社長は胸を張る。

賃貸アパートを経営するにあたって一番の課題は、いかにして入居者を集めるかということだ。牛田社長は、安易に家賃を下げて入居者を募るという風潮には疑問を呈する。

「物件の魅力が高ければ、家賃が少々高くても住みたいという方はたくさんいます。入居者がここで暮らせて幸せだなあと感じていただき、大家さんが相場より高い家賃収益で安心して経営ができる。私たちは入居者と大家さんが共に喜びあえる新しい賃貸業の仕組み作りを目指しています」と笑顔で語る。

ブルックリンスタイルのエスプレッソが最初に建設されたのは、岐阜県の木田市だ。

「お客様から田舎に土地を買ったので、なにか面白い建物を造ってくれないかと依頼されたのがきっかけです。ちょうどブルックリンカフェが流行っていた時で、それならブルックリンスタイルのアパートを建てたら面白いものができるのではと建設に踏み切りました」

ちょっとした閃きで始まったエスプレッソの企画だが、「出来あがってみると、思った以上にかっこいい仕上がりで、私自身が一番気に入ってしまいました。これならいけると思いましたね」と当時を懐かしむ牛田社長。

最初のプロジェクトでエスプレッソの完成度に確かな手ごたえを感じた牛田社長は、2018年に2棟目を愛知県清須市に竣工。その後は、江南、東葛西、越戸などに次々と建設し、今年の11月には6件目となる物件を一宮市に完成する。

エスプレッソの最大の魅力は、ニューヨークのブルックリンの街角にあるカフェを彷彿させるおしゃれでスタイリッシュなデザインにある。室内に一歩足を踏み入れると、レンガや漆喰調の壁紙が、深みのある落ち着いた雰囲気を醸し出し、天井高が3・6メートルもある開放感あふれる空間には、ロフトが隠れ家のような趣を見せる。

アンティークな家具や雑貨をコーディネートすると更におしゃれ感が増し、従来のアパートのイメージや概念を良い意味で大きく覆してくれる魅力あふれる物件だ。

「デザイン性の高さから、理想の部屋で暮らしたいと思う若い人や、事務所やサロンを開業している人にとても喜んでいただいています」と牛田社長は嬉しそうに語る。

強みは相場より安い建築費で、高い家賃設定が可能

高い利回りでオーナーの安定収益を実現する

アパート経営による土地活用の成功のポイントとして牛田社長は、「デザイン性の高さ」、「建築コストの良さ」、「満足度の高さ」、「空き室率の低さ」、「収益力高さ」の5つをあげる。「エスプレッソはこれらのすべてを満たしています。デザイン性の高さは無論、建築費も設計時にある程度仕様をパターン化して設計の簡略化を図り、メーカーと業務提携を行うことで大手ハウスメーカーの3分の2程度の予算にコストを抑えています」と強調する。

また、物件自体の魅力が高く価値が上昇することで、家賃は相場より1・3倍以上も高く設定できるという。

「私たちの大きな強みは、建物の品質を落とさずに、相場より建築費を安くすることができ、なおかつ相場より家賃は高くできる仕組みが出来あがって

2F内観

1F内観

いることです。これによって大家さんには高い利回りで安定収益を実現することができます」

成功賃貸事業の実現をうたうエスプレッソの真骨頂がここにみてとれる。

パーフェクトな空室対策で入居率95％以上を実現

成功の秘訣は、ライバルがいない物件であること

エスプレッソは賃貸事業における一番の懸念事項になる空き室対策についても、インターネットを駆使した集客対策を行って成果をあげている。具体的には入居者専用サイト「ブランチアベニュー」を立ち上げ、エスプレッソに興味を示してくれた入居希望者（ファン）に定期的な情報を発信しながら一般的な賃貸サイトよりも多くの写真を掲載し、満室の場合でも「空いたら住みたい」の気持ちを継続してもらうようにしている。

「おいしいと評判の飲食店に、多くの人が押し寄せて行列ができるように、おしゃれでかっこいい部屋には、空き部屋が出るのを待ってでも住みたいと考える人は一定数います。部屋が空いたら教えて欲しいという入居待ちの人を獲得することは、非常に有効な空き室対策になります」と解説する。

エスプレッソでは、多くの賃貸仲介会社の営業マンが利用しているリアルタイム空き室情報システム「リアプロ」にも登録を行い、より多くの人にとっての「気になる物件」としてのアプローチが出来るように体制を整える。このような入居者マッチングシステムによるパーフェクトな空室対策が功を奏し、エスプレッソは入居率95％以上という非常に高い数値を叩き出している。

「こうした数字が出せるのも、当社が住みたい人を探すのではなく、住みたい人が集まってくる仕組みをつくっているからです。また、ここに住みたいという思いの強い人は簡単に退去することもありません。市場に出ている多くの物件は、地域と家賃を中心に考えて経営されているため、エスプレッソのような物件自体の魅力と価値で入居者を集める経営スタイルにはライバルがいません。ここにこそ、エスプレッソ賃貸経営の成功の秘訣があるのです」と牛田社長は熱く語る。

大手ハウスメーカーによるサブリース契約の落とし穴

正しい知識と多くの情報に触れて、大切な財産を守る

近年、賃貸業界で空き室の増加が話題を集めている。その背景には少子高齢化の進展で入居者が減少し続けているのにもかかわらず、賃貸住宅が過剰に建設され市場が飽和状態になっていることがあげられる。

なかでも大手のハウスメーカーは、都市部だけでなく人口の少ない過疎地にも進出し、相続税対策に頭を悩ます地主に「アパートを建てれば相続税が安くなりますよ」と営業攻勢を全国的に繰り広げている。

こうした大手ハウスメーカーの契約はいわゆる一括借り上げ「サブリース契約」と呼ばれるものだ。不動産会社に一定の家賃を保障してもらい、面倒な管理も任せられるので、大家にとって一見メリットしかないように思えるが、そこには大きな落とし穴があると牛田社長は言う。

「大手のハウスメーカーは、建築すればお金が入ってくるので、建築費の収益自体を目的にして

ESPRESSO外観

いる場合もあります。本当にその土地が永続的に入居者を集めることができる立地なのか、ということをしっかり査定せずに建設しているケースがあります。入居者が入りたがらない不便な場所に建てたのでは、いずれは人が集まらなくなり、空き室が増えることは目にみえています」

入居者の有無にかかわらず、毎月一定の家賃収入が大家に入ってくるサブリース契約は、家賃収入が確保されて面倒な賃貸管理業務を全て任せることができるメリットがある。

「大家さんはサブリース会社に保証料として家賃の10～20％を支払いますが、入居状況の悪化や近隣の家賃相場の下落によって、家賃自体が減額になる可能性があります」と牛田社長は警鐘を鳴らす。

一般にサブリース契約では定期的に賃料を見直すことになっており、そのたびに減額されるケースもある。家賃の設定はサブリース会社次第なので、空き室がでるたびに家賃自体も下落していくことになる。

そうなると、当初思い描いていた収益シミュレーションは大きく崩れ、相続税を安くするために建てた物件が、やがて膨大な赤字物件となり最悪の場合は破産に至るケースもある。

「かつてのスルガ銀行のように、金融機関が進んでサブリース業者に不当な高額融資を行って社会問題となりました。不動産投資とは本来安心して行い、お客様が幸せになるものでなければいけません。一部の不心得な行為で不動産投資自体を悪いイメージで捉えられるのは忸怩たる思いがします」と牛田社長は悔しそうに語る。

「大手だから安心だろうと決めつけずに、ぜひ、正しい知識と多くの情報に触れて一番良い方法を選択し、大切な財産を守っていただきたいと思います」

「入居者の喜びは、大家さんの幸せ！」をモットーに邁進

エスプレッソは収益力のある成功賃貸業の新しいモデル

「生活の場である住まいが好きになれず、日々気に入らないままに住んでいる人は幸せでしょうか？　ここに住めて良かったと満足されている入居者の皆さんは、家賃が高くても喜んで支払ってくれますし、何より幸福感を感じていただくことができます。だからこそ物件は魅力があって素敵なものでなければいけないと私は思っています」

こう強調してやまない牛田社長はまた、「入居されている方に喜んでいただく魅力ある物件を創り出すことで、大家さんも長期的な安定収益を得られ、安心して経営を行うことができます。私がそこにこだわるのは、入居さんと大家さんの双方に幸せになっていただきたいからです」と自身の事業家としての矜持を語る。

自らが企画・設計する物件を通じて、「世の中に良き循環の輪を広げていきたい」という牛田社

ロフトは広々としていて、快適だ

長の熱い思いが伝わる。

牛田社長は目下、WEB上でエスプレッソのファンクラブを開設しているが、それを更に充実したものにして会員数を増やしていこうとしている。様々な物件情報、アパート情報はもちろん、飲食店情報やサロン情報なども載せて、エスプレッソに似合う家具や雑貨なども併せて紹介し、より多くの人に楽しく遊びにきてくれるようなプラットフォームを創りたいと考えている。

「将来的にはエスプレッソの設計から施工までを一貫して行う総合メーカーとなり、エスプレッソブランドをさらに幅広く、また強固にしていきます。また当社の取り組みに共感していただける同志を募り、エスプレッソのフランチャイズ化にも挑戦していきたい」と意欲満面に語る牛田社長の夢は大きく膨らむ。

「家賃を下げて入居者を募る」という従来の賃貸業の常識を打ち破り「魅力ある物件で入居者を集め、入居者と大家さんが共に幸せになれる仕組み作り」に邁進していきたいという牛田社長。

「収益力のある成功賃貸業の新しいモデルとして、エスプレッソは先駆者的な役割を果たしていきます」

賃貸業界の常識を覆し、風穴をあけ、新風を起こす牛田社長の壮大な戦略が少しずつ、しかし着実に動き始めた。

President Profile

牛田　寛千（うしだ・かんじ）

昭和39年生まれ。愛知県出身。不動産企画コンサルタントとして、住む人が喜べる街並みや空間の企画を提供し、賃貸事業の繁栄を継続するコンサルタントを手掛ける『株式会社エスプレッソ』の代表取締役。入居率などアパート経営の不安解消のソリューションとして、ブルックリンの片隅にあるオシャレなカフェのようなデザイナーズアパート『ESPRESSO』を提案し、注目を集める不動産企画コンサルタント。趣味はトレーニング（マラソン、テニス、水泳、サッカー）

Corporate Information

株式会社 ESPRESSO

所在地	〒452-0943　愛知県清須市新清洲1-4-6　セゾン新清洲101 TEL　052-938-8505（代表）　FAX　052-938-8506 ◉横浜本店　〒231-0002　横浜市中区海岸通3-9　横浜郵船ビル314A TEL　045-680-0738　FAX　045-641-1031 URL　espresso-apartment.com
創立	平成30年2月
資本金	100万円
事業内容	【建築設計業務】 建築、土木、設備工事に関する設計企画、コンサルティング 【不動産事業】 賃貸アパート・マンションの建物管理、不動産の運用、賃貸、売買、仲介、不動産の調査、及び取引に関する研究・コンサルタント業務
特徴	「土地活用」 土地活用とアパート経営を成功へと導く5つのポイントは、「デザイン性の高さ」「建築コストの良さ」「満足度の高さ」「空室率の低さ」「収益力の高さ」です。 「空間対策」 オシャレな部屋に住みたい入居者向けの賃貸物件ポータルサイトと提携し、空室対策もパッケージ化。デザインから建築、空室対策までを、一貫して請け負います。 「安定収益」 ESPRESSOの魅力は、「オリジナリティのある住まいづくりにより、長期的に高い入居率を実現し、安定した収益が得られる」こと。相場よりも高い家賃収入による高い利回りで、安定収益を実現します。

不動産投資を軸に資産形成をサポート

未来を見据える確かな仕事で
クライアントと密な信頼関係を構築

私たちが大切にしているのはお客様との密な信頼関係を土台とした長きに渡るお付き合いです。投資用不動産や金融商品をただ仲介するのではなく、その後のフォローも徹底し、お子様の代の資産形成も考慮に入れたご提案を大切にしています

FPグローバルパートナーズグループ
株式会社プロセスイノベーション

代表取締役　杉山　雅彦

関東に拠点をおいて活動しているFPグローバルパートナーズグループは、企業に対する経営コンサル、個人に対する資産形成を主なサービスとして事業を展開。特に経営者やサラリーマン、定年退職者、主婦など個人に対する資産形成においては、次世代も見据えた長期的な視点でのサポートに力を注ぐ。

「我々が大切にしているのはお客様との密な信頼関係を土台とした長きに渡るお付き合いです。投資用不動産や金融商品をただ仲介して終わりではなく、その後のフォローも徹底し、例えばお客様のお子様の代の資産形成も考慮に入れたご提案というものを大切にしています」

こう力強く話すのは、同グループの代表を務める杉山雅彦氏。起業前の20年程は会計事務所や大手コンサル会社で勤務していた経験をもち、企業の財務管理や事業承継、相続対策などを主に手掛けてきた。

「信頼関係の大切さ。間違いのない正確な仕事。この2つは会計事務所勤務時代に身についた私の基本的スタンスで、今ももちろん変わりません」とさらりと言ってのける。

勤務時代の同僚、宮本祐美子氏とともに独立起業

クライアントのニーズに応えるべくグループ会社を設立

杉山代表とビジネスパートナーである宮本祐美子氏が本格的に起業したのは今から約8年前の平成24年。杉山代表が独立を視野に入れ事前設立していた株式会社M&Cパートナーズ（現株式会社FPグローバルパートナーズ）として独立、スタートを切った。

「独立当初は、家計のご相談といったファイナンシャルプランニング業務や、法人・個人向けの資産運用、法人の事業承継や経営分析、相続対策など各種コンサルティング業務を中心に行ってい

杉山社長も全幅の信頼を置く
ビジネスパートナーの宮本祐美子氏

ました」

３年程、同社で法人・個人に対して幅広いコンサルティングを行ってきたが、やがてクライアントからの要望に１００％応えきれないジレンマを抱える。「コンサルタントはお客様の悩みや問題点を解決する方法を提示するのが仕事です。例えばお客様の悩みを解決する方法が株などの金融商品を購入するといったことであっても、実際の売買のお手伝いまでをさせて頂くことはできませんし、不動産の売買や賃貸契約といった手続きも我々が行うことはできません」

杉山社長と宮本氏は、こうした金融商品や不動産の売買手続きも、全て一括して担えるようにするため、段階的に新たな会社を設立。平成24年に金融商品仲介を事業とする株式会社ＩＰＰを設立。４年後の平成28年には不動産業をメインとした株式会社プロセスイノベーションを設立した。「2社の設立により、コンサルティングのみにとどまらず、不動産の売買を我々が直接行えるようになるなど、お客様の要望に応えられる範囲が大幅に広がりました」

資産と相続の問題で大きな鍵を握る不動産

不動産業専門である株式会社プロセスイノベーションの役割

企業が事業承継をする場合、個人が相続をする場合、個人が投資をする場合。これらの場合において不動産が大きく関わってくる可能性は極めて高い。ＦＰパートナーズグループにも実際不動産関連の相談は多く、中でも創業以来多いのが、投資用不動産の相談だ。「お客様がマンションを所有し、家賃収入で収益を上げる投資の一種です」

投資と一言でいっても、今は株やＦＸ、暗号資産(仮想通貨)、先物など様々な方法がある。杉山社長は、「色んな投資がある中で、一番手堅いのは間違いなく不動産です」と言い切る。「土地・建物は資産として残り、いざという時には売ることもできる。また銀行の融資を受けることができれば、大きな買い物もできます。対して株やＦＸは手持ち現金で行うのが基本なので大きな利益を得にくい。不動産投資を上手く運用すればそれなりの財を成すことができ、こういった方々を誕生させるお手伝いが我々の役割です」

投資用不動産の顧客は40～60代が中心で、今は70代も増えてきているという。「例えば土地のみを所有しているオーナー様に建物を建てて収入を得る形を提案するなど、不動産の有効活用の手段を様々提案させて頂きます」

株式会社プロセスイノベーションでは、創業以来地方から都会への不動産資産の組み換えを多く手掛けてきた。「地方の物件は建物の老朽化や、都会に比べ人口が少ないため、空室リスクがあります。そこで土地や建物の規模は小さくなりますが、地方の物件を売って、都会の物件を買う資産の組み換えによる資産形成をお勧めしています」

クライアントに寄り添い正確な情報提供につとめる

杉山社長と宮本氏が同社を創業して間もない頃に手掛けた事案が、静岡から横浜への不動産資産の組み換えだった。「3棟で合計30室ほどの物件でしたが、老朽化で入居率が落ちていました。修繕の必要がありましたが、オーナー様には資金もなく、ローンの返済も滞っているような状態でした」

その後、入居率を上げようと、オーナー自ら修繕を行ったが、これを杉山社長は、「よくあるケースですがデメリットが多い」と振り返る。「素人の修繕ではクオリティも悪く時間もかかってしまいます。修繕が完成しないと物件の紹介もできないなど、悪循環に陥ってしまうんです」

困り果てたオーナーから相談を受けた杉山社長と宮本氏は、迷わず都会への資産組み換えを提案したが、オーナーは首を縦に振ってくれなかった。「『先祖代々から引き継いできた大切な土地を自分の代で簡単に手放すわけにはいかない』と強いこだわりお持ちでした」

しかしオーナーのこうした気持ちとは裏腹に、このまま今の土地を持ち続けていたら負の財産は膨らみ、相続をする子供が大きな負担を背負わされるのは目に見えていた。「実際息子さんも引き継ぎたくはないとおっしゃっていました」

融資をしていた銀行も半ば諦め気味だったが、宮本氏は必死の説得を続け、遂にオーナーから売却の許可を得た。杉山社長と宮本氏は、すぐに絶対の信頼を置くリフォーム会社に建物の塗装・リフォームを依頼。物件をきれいに生まれ変わらせ、満を持して販売を開始。相場よりも高い値段設定だったが、買い手はすぐに見つかり無事に売却することに成功した。「銀行さんからも『相場より高い』というご指摘を受けましたが、我々は買い手を見つけられる自信と手応えがありました。それは建物をリフォームすることで付加価値をつけていたからです」

その後、オーナーは銀行からの借入金を返済した上で新たな融資を受け、横浜と川崎に2棟のマンションを購入。今では入居率も高く、安定利益を得る優良オーナーとなり、宮本氏は相続を始めとした将来的な資産相談を引き続き受けている。

不動産を売りっぱなしでは決して終わらない、将来を見据えたプランを立案し、実行に移すこうした仕事は、幅広い人脈や豊富な知識、長年の経験を併せ持つ杉山社長と宮本氏だからこそ成せる業だ。

若い世代への住宅購入サポートも注力

徹底して行う不動産の重要事項説明

株式会社プロセスイノベーションでは、中高年層を主な顧客とした投資用不動産の販売に加え、ここ数年は20～30代といった若い世代に対しての住宅購入サポートにも力を入れている。「株式会社FPグローバルパートナーズでの資産形成コンサルティングから入り、豊かな老後生活を送ってもらうための戸建てや分譲マンションの購入もお手伝いさせて頂きます」

住宅の購入は人生で一度あるかないかの大きな買い物だが、例えば転勤族や独身であれば賃貸の方がメリットの大きい場合もある。杉山社長は一人ひとりの人生を鑑みながら、最適なライフプランを立て、ベストな提案を行っていく。

その他同社では、飲食店や歯科医院など店舗系物件や賃貸住宅物件の紹介などの相談にも応じている。こうした新築・中古物件の売買や賃貸契約といった不動産取引においては、契約前に必ず重要事項説明を行わなければならないが、杉山社長と宮本氏はこのプロセスをとりわけ大事にしている。「特に中古物件を購入する場合は、お客様の気持ちとして『中身は大丈夫か…』、『買わされてるんじゃないか…』と心配になるのが普通だと思います。我々はお客様に安心して契約頂けるよう、事前に物件に関する綿密な調査を行い、細かな部分まで全て正確にお伝えするようにしています」

物件引き渡し時の説明も徹底的に行い、時には半日ほどかかったケースもあったという。杉山社長は、「お客様には買って良かったと思って頂きたいですし、丁寧な対応が信用に繋がり、その後の長いお付き合いにも繋がっていきますから」と力を込める。

令和2年から、不動産購入後のフォローにより力を入れようと、株式会社プロセスイノベーションの公式ラインを開設。友達になってもらったクライアントからの質問に、丁寧に答えられる体制を整えている。

モットーは『日々勉強。日々努力』

「絶対に知ったかぶりをしてはいけない」

株式会社プロセスイノベーションを含めたFPパートナーズグループ全体で行われる仕事は、前出のようなお金や不動産にまつわるものが中心で非常に多岐に渡る。それだけに求められる知識も半端ではない。このような、生き馬の目を抜く世界で長年仕事をしてきた杉山社長のモットーは、『日々勉強。

日々努力』だ。「知識はもちろん、先を読み取る力がないと務まらない仕事です。毎日の勉強と情報収集は欠かせません」

また、クライアントとの信頼関係の構築を何より大切にし、スタッフに対しては口酸っぱく〝知ったかぶりをするな〟ということを伝えている。「お客様と信頼関係を作る上で重要なのは正確な情報をお伝えすること。例えば、不動産の重要事項を説明する際でも、お客様からの質問に対して少しでも把握できていない点があれば、その場で答えずに持ち帰ることが大切。時間がかかってもしっかりと調べて確かな情報を提供しなければいけません」。

株や投資信託などの金融商品や保険の仲介・アドバイスも

お金の知識をつけるための情報発信に注力

広く資産形成のサポートを行うFPグローバルパートナーズグループでは、不動産投資だけではなく、株や投資信託などの金融商品も、金融商品仲介を担う株式会社IPPでフォローしている。加えて、「保険に関しても、提携している大手保険代理店とタッグを組んで、お客様により良い商品を紹介させて頂いています」とも。

同グループには今、手持ちの現金で株や投資信託などを希望する相談が増えているという。しかし、こうした金融商品や暗号資産（仮想通貨）といった新たな商品が膨大にある現在において、間違いのない確かな投資を行うのは簡単ではない。

その中で杉山社長は、「我々ももっと努力と勉強を重ねて、お客様に質の高い金融商品のアドバ

セミナーによる情報発信にも力を注ぐ

イスをさせて頂かなければいけないと思っています。さらに、今後はこうしたアドバイスに加え、お客様ご自身でもお金や投資に関心をもって知識を身につけて欲しい」と話す。

杉山社長と宮本氏を始め、グループ全体で長年培ってきたお金や投資に関する貴重なノウハウや知識を世の中に還元するため、令和2年4月に投資助言を目的とした株式会社マネー・チャートという会社を新たに立ち上げる。

「お金と投資の勉強を紐づけた投資助言ができればと考えています。若い世代の方々にはお金の基本から学んで頂き、中高齢の方々には投資の具体的な方法など、世代に合わせて、段階的にお金や投資の情報を発信していければと考えています。いずれはお金専門の学校も設立したいですね」

株式会社プロセスイノベーションの不動産業、株式会社FPグローバルパートナーズでのコンサルタント業に加え、株式会社IPPでの金融商品仲介。そして今後は、株式会社マネー・チャートで投資助言やお金と投資の情報発信に注力。これらをトータルにリンクさせ、クライアントにクオリティの高いサービスを提供していく。杉山社長は、「いずれはホールディングス化にしたい」と前を見据える。

新型コロナウイルスや国の年金問題など将来が不透明な日本社会において、日本人の資産に対する自己防衛意識の底上げは急務といえる。この大きなミッションを今後担っていく杉山社長と宮本氏に、〝お客様に絶対損をさせない〟というプロのコンサルタントとしての矜持を見る。

President Profile

杉山　雅彦（すぎやま・まさひこ）

昭和 47 年生まれ。静岡県出身。
コンピュータソフト開発会社、会計事務所、会計事務所系コンサルタント会社、公認会計士事務所勤務などを経て、平成 21 年 8 月　株式会社　M & C パートナーズ設立（現：株式会社 FP グローバルパートナーズ）、代表取締役に就任。同 24 年 10 月 インヘリテッドプロパティープランナー株式会社（現：株式会社 IPP）代表取締役会長に就任。同 26 年 11 月 一般社団法人相続対策プランナー協会（現：一般社団法人相続・不動産トラブル支援機構）代表理事に就任。同 28 年 3 月 株式会社プロセスイノベーション設立、代表取締役に就任。令和 2 年 4 月株式会社マネー・チャート、代表取締役に就任。
1 級ファイナンシャル・プランニング技能士。日本ファイナンシャル・プランナーズ協会会員 CFP®。宅地建物取引士。
今現在は株式会社 FP グローバルパートナーズ、株式会社プロセスイノベーション、株式会社 IPP、株式会社マネー・チャート（2020 年 4 月設立）を統合し、FP グローバルパートナーズグループとして活動している。

Corporate Information

FP グローバルパートナーズグループ
株式会社　プロセスイノベーション

所在地	〒 231-0015　横浜市中区尾上町 3-35 横浜第一有楽ビル 8 階 TEL 045-514-4589　FAX 045-307-3737 URL　www.pro-inv.jp URL　www.fpg-partners.jp
設立	平成 28 年 3 月
資本金	300 万円
従業員数	5 人
事業内容	不動産業及びコンサルティング業
経営信条	FP グローバルパートナーズグループは、独自の組織力を活かし、各業界のスペシャリストと連携し、お客様に最適なプランをご提案します。

「ありがとう」「おおきに」感謝と真心で多彩な事業を展開

生涯かけて、起業を志す若者を全力でアシストする

仕事を楽しんでいる人の周りには楽しい人生がある。その生きざまが人に夢と勇気を与える

株式会社 おおきに

代表取締役　野寄　聖統

自分のやりたいことや、好きなことで起業してみたい。働くなかでそのような憧れを抱く人は多くいるが、実現するまでの困難な過程と、被るリスクを考えて実際に行動に踏みだすことのできる人は、非常に少ない。それを裏づけるように、政府の調査によると日本の起業人口はわずか1・5％にとどまり、先進諸国との比較では圧倒的に低い数値にある。「起業する」ことが日本社会のなかでまだ定着していない風潮のなか、オーガニックショップやカフェバーなど様々な事業を展開するかたわら、起業に挑戦したい若者を情熱的にアシストする実業家がいる。株式会社おおきにを経営する野寄聖統社長だ。自らも起業家として悩み、さまざまな壁にぶつかりながらも果敢に道を切り開いてきた経験から「後進の若者に手をさしのべることが、自分の一番の喜びであり生きがいです」と言い切る。野寄社長が様々な新規事業を次々に立ち上げていく原動力はどこからくるのか。起業を志す若者に伝えたいメッセージとはなにか。その答えをもたらす原点は、若き日の就労体験にあった。

自らの方向性に悩み、道を模索し続けた看護師時代

五感を満たし、心身を癒す自然療法と出会う

兵庫県明石市に生まれた野寄社長は、女手一つで育ててくれた母親に早く楽をさせてあげたいという思いから高校卒業後、海上自衛隊に就職。潜水艦部隊の看護師として壮絶な医療の現場に身をおいた。実際に医療スタッフとして働きながら様々な患者と接するうちに、病気や怪我になる前に何かケアすることはできないか、未然に防ぐ方法はないかと考えるようになったという。模索する野寄社長がたどりついたのが、人間の五感を満たし、心身を癒すことのできるアロマテラピーや薬草などの自然療法だっ

た。当時はこうした療法に対する認識は低く、海外の文献などを取り寄せて独学で知識を蓄えた。学びを深めていくなかで、看護師としての現実と自らの求める方向性の違いに葛藤する日々が続くようになる。

「医師や看護師などの医療従事者はとても尊い仕事ですが、僕自身は病気や怪我になってからではなく、そうなる前にもっと積極的にかかわる仕事がしたい。そんな思いがどんどん強くなっていきました」野寄社長は当時の思いをそう振り返る。その頃、母親が病に倒れ介護が必要になったことから退職を決意し、公務員という安定した職業を捨てて、23才でフリーターの道を選んだ。

「母親の介護をするために何もできなくなったと言い訳をしたくなかったので、当時は色んな仕事に挑戦しました」野寄社長は語る。しかし、方向性が決まらず迷い悩む日々のなか、このまま働き続けてもただ食べるだけの労働で一生が終わってしまうのではないか、そんな焦燥感にかられるようになる。もっと違う生き方をしてみたい。自分自身の可能性に賭けてみたい。そう思った野寄社長は、自身が今まで学んできたアロマテラピーやハーブの力で「五感を満たす環境づくり」を進めたいと会社を設立し、独立を果たした。その後紆余曲折を経て現在、オーガニックのセレクトショップ「ありがとう市場」、国産原料使用の製パン店「じゃぱん」、ハーブティや玄米ベースのフードを主体としたカフェ＆バー「ｗａｉｏｌｉ・ワイオリ」、さらに国産小豆使用の「たい焼き甘味処　おめでたい」など、オーガニックと健康をテーマにした様々な事業を運営している。

「自分の方向性がみえず、壁にぶつかりもがき続けた日々はとても苦しいものでしたが、だからこそ本当に自分の求めている道にたどりつくことができたと思っています。今、同じ思いをしている人にはその日々は無駄ではないこと、成し遂げたいビジョンがあるのならまずは不安を乗り越えて行動すること、そこから必ず道は開けると伝えたいです」野寄社長は温かいエールを送る。

腹を括った本気の起業家を全身全霊でアシストする

人とのつながりや縁を大切に、ビジョンを共有することで仲間ができる

オーガニックショップや飲食業を手がける野寄社長が、今一番情熱を注いでいるのが起業を志す若者のアシストだ。具体的な方法としては起業に挑戦する若者に対して、一緒に店舗に立ちながら仕入れや在庫管理など事業運営を学ぶチャンスを与え、試験的に事業を運用できるようにするというものだ。コスト面でも初期費用としてかかる開業費用やテナント料などが抑えられるため、安心して学べる環境が用意される。

「独立を志ながら、実践の仕方やノウハウがわからないために起業する夢をあきらめる人は多いです。僕自身も経営について学びはじめた当初はなにもわからずすべてがチャレンジでした。それだけにこれから起業しようとする人たちが実際のビジネスに挑戦できる環境をつくり、それを手助けすることに自分の人生を捧げたいと思うようになりました」と語る。のれん分けのように、「おおきに」でトレーニングを受けた若者が一人でも多く独立してくれることを願って、アシストしている野寄社長。だが、周囲には「どうして商売敵が増えるようなことをするのか?」と聞かれることがあるそうだ。それに対して「僕はそんな風に思ったこ

文武両道を通じての心身の鍛練は体験を通じて、素直に謙虚に学び気付く経営にも通じます。
日本文化の特徴でもある「多様性の尊重」や「調和」を大事にしています。

大尊敬する稲盛和夫さんのメッセージ「燃える闘魂」経営にはいかなる格闘技にもまさる激しい闘争心が必要。
健康のためにもトレーニングは欠かさない

とは一度もありません。商売の競争というより、商売仲間との共創という感じでしょうか」と屈託ない笑顔で答える。お互いに切磋琢磨をしながら共に成長していきたい。野寄社長の根底にある思いは、人間関係が希薄になり、損か得かの利害関係だけで物事を判断することの多い世の中で、人とのつながりや縁を大切に育んでいくことの大切さを改めて思いださせてくれる。実際に野寄社長は、人とのつながりや縁で人生が大きく変わることを実感しているという。「師匠」と敬愛と親しみを込めて呼ぶ先輩経営者もその一人だ。起業を決意した頃、独学での学びに限界を感じ先輩経営者を自らのメンターと仰ぎ、経営のイロハを学び始めた。

「師匠は一見するとどこか飄々とした風貌の持ち主で、とても敏腕経営者には見えないのですが、その場に一緒にいてくれるだけで力を与えてくれるようなとても魅力的な方です」と笑顔で語る。

「耳が痛いこともいっぱい言われてきましたが、そのお蔭で僕自身はいつも良い方向に軌道修正していただけたと思っています」今でも、方向性の選択に迷った時には助言を与えてくれる精神的支柱のような存在だという。

「先日も不動産の物件の下見に一緒に連れていってもらったんですが、師匠と僕とでは、見ている視点が全然合わないんですね。これが合ってくると、成長している証拠なんですが。まだまだ、僕自身も発展途上です」師匠をはじめ、多くの諸先輩方に導いてもらったお蔭で今日の自分があると言い切る野寄社長は、自らが与えてもらった恩を後進の若者に返していきたいと、日夜邁進している。

職業観を成長させて、作業ではなく価値ある仕事を行う

仕事を楽しむ生きざまが人に夢と勇気を与える

野寄社長が起業を志す若者に一番学んでほしいのは職業観だという。

「経営ノウハウや実践的なビジネスを学ぶことも重要ですが、起業を成功に導くためには職業観を成長させることが一番大切です」その職業観とは、自分の仕事に対する意識、姿勢だという。言われた作業をただこなすのではなく、自分で創意工夫を重ねること。そうすればそれは作業ではなく、価値が生まれる仕事になるというのだ。

「目の前で起こることを成長のチャンスととらえて、自分の視野を広げていくような働き方を毎日していたら1年後には違うステージにいるはずです」野寄社長が大切だという職業観は、自らの人生観にもつながるという。仕事をするということは人生そのものだと野寄社長は強調してやまない。

「仕事を楽しんでいる人の周りには楽しい人生がある。成果を創るためにチャレンジを続け、様々な経験を積み重ねる。その生きざまが人に夢と勇気を与えるのです」仕事をこよなく愛し、楽しむ野寄社長の心情を吐露する言葉である。

どんな不可抗力な事態や変化に遭遇しても柔軟に対応していく

お客様に価値を提供し、信頼する仲間と共に成長し事業を発展させる

アクティブに自分の夢を実現し続けてきた野寄社長だが、今後の抱負については「働く意欲があってもその機会がなかなか与えられないハンディキャップがある人や、高齢者、外国人の採用を積極的に行っていきたい」と語る。今年の4月にオープンした「たい焼き甘味処　おめでたい」はまさにそのような野寄社長の思いが体現された店舗となっている。

「お子様連れの来店も多く、和風な店内ですが、様々な国籍、人種、属性、文化や能力を持った方々が明るく、楽しく働いています。その姿を見て、他人との批判的な比較ではなく、自分とは違う個性を受け入れ、互いに尊重する思いやりを子供達にも感じてもらえたらと思います」と明るい表情で語る。

企業の採用ではとかく生産性が高いか低いかだけの選別で決まることが多く、社会的弱者といわれる立場の人は、不利になりがちだ。しかし、「出来ないことではなく出来ることにフォーカスし、お互いが気遣い、補いあうチーム力を活かすことで、一人では出来ないことを達成することができます」と力強く語る。利害関係だけのつながりや、学校や会社といった用意されたコミュニティではなく、自らがチームビルディングをして目標を達成していくことに意味があるという。

「お客様に喜んでいただくというかけがえのない経験がその方の自信につながり、最終的には自立へとつながっていきます。そのような自立への橋渡しをこれからは率先して行っていきたいと考えています。課題の沢山ある先の長いプロジェクトになるかもしれませんが、僕自身も一緒に成長を楽しみます」

また、今回の新型コロナ禍のような不測の事態に見舞われた時に備えて、不動産など資本力を強くするビジネスを手がけることも視野に入れているという。

「ひとつの分野だけに固執していると仲間や会社を守ることすらできません。流動的なビジネスの世界では、様々な分野に目をむけることが必要です。反対に、どのような分野でも通用するように事業家としての健全で貢献性のある職業観を磨き続けることが最も重要です」

政府の休業要請に従い今年春の一時期、おおきにグループも店を閉めることを余儀なくされた。しかし、めげることなく前をむく野寄社長は「税務署に届ければ期間限定の特例でお酒を販売できる」という情報を耳にすると、この時期に重なってカフェで提供できなかった新作のオリジナルビールを活かしてオンライン飲み会のイベントを企画した。

「ボージョレ・ヌーヴォーのようにパソコンの画面の前で、時をあわせて一斉に乾杯を行う企画だったんですが、皆さん喜んでくれてオリジナルビールはすべて完売しました」と野寄社長。その前向きなエネルギーはどこからくるのだろうかと問うと「やはり実績のある先輩創業者達から、体験的に学んできたことは大きいですね」と即座に答えが返ってきた。

「例えば、本田技研工業の創業者本田宗一郎氏は、世界のレースであまりにも優勝を重ねるために、ルールを突然変えられるという理不尽なめにあったんですが、彼はひるむことなく更に創意工夫を重ねて優勝を勝ちとりました。不可抗力な事態や理不尽なめにあうことは、世の中にたくさんあります。でも、どんな時にも変化に柔軟に対応し、世の中にどういう価値を提供できるかを考え、結果を出すのが経営だと思っています」きっぱりとした表情で語る。

真言密教僧、阿闍梨として今日の平和に
感謝を込めて世界各地で戦没者供養も

今回の新型コロナ禍で日本経済はかつてないダメージを被り、大きな変革を余儀なくされている。変化を受け入れ事態に対応できる柔軟性こそが、今後の企業の命運を分けるといっても過言ではない。こうした状況下にある今、「結果を出すことが経営者の仕事だ」と語る野寄社長の言葉は重い。

事業を通じて物心両面で、豊かな人生をつくる
世の中に喜びを与える価値を提供する

「ありがとう」「おおきに」の屋号には常に感謝を忘れないようにとの野寄社長の深い想いが込められている。

「人生山あり、谷ありですが感謝がいつも前提にあれば、どんなに大変な事態に遭遇しても、そうは言っても『命があるな』『事業ができているな』『仲間がいるな』と考えて乗り越えることができます」と笑顔で語る。振り返れば看護師時代に怪我や病気を未然に防ぐ方法を模索するなかでたどりついたオーガニック事業。そして自らが経営者となるなかで、生涯をかけたライフワークとなった若者の起業支援。様々な分野に情熱を傾けてきた野寄社長だが、事業を通じて世の中に喜びを与える価値を提供し、まわりの人々と共に物心両面で豊かな人生をつくっていきたいという一貫した経営への思いは変わらない。そんな野寄社長のまわりにはその信条に共感し慕う仲間の輪が集い、大きな広がりをみせている。

「僕に関わる人々が、やりたいことを実現させ、心の底から幸せを感じてくれることが、一番の喜びであり、生きがいです」そう瞳を輝かせる野寄社長。これからも人との出会いとご縁を大切にしながら、多くの仲間と共に生涯現役で力強くチャレンジしていく。

President Profile

野寄　聖統（のより・まさのり）

昭和 52 年生まれ。兵庫県出身。高校卒業後、医療系の公務員として勤務後、大手スポーツクラブ併設の接骨院で副院長として勤務する傍ら、アロマスクールのインストラクターを兼務し全国のエステサロンやリラクゼーション施設の立ち上げ、品質管理や技術指導を担当。退職後アロマテラピーやハーブを扱う会社を設立。その後平成 30 年 2 月に株式会社おおきにを設立し、オーガニック製品の販売やコンサルタント、飲食事業を展開。

現在は就労支援の一環として障害者・高齢者・外国人の雇用も積極的に行っている。また各店舗の売り上げからアジアチャイルドサポートの支援もしている。

趣味の格闘技ではチャンピオン経験もあり居合道は 5 段の腕前。他にも流鏑馬、社交ダンス、陶芸、マジック、津軽三味線など多岐にわたる。その興味の幅を活かし、イベントやライブ活動も定期的に行っている。また真言宗の僧侶でもある。

これからも心身の健康をコンセプトとし、地域や社会への貢献をテーマとした様々な事業展開。次世代の起業家達を生涯現役でアシストし続ける。

Corporate Information

株式会社 おおきに

所在地	〒 542-0082　大阪市中央区島之内 1-7-21　UK 長堀ビル 8 階 TEL　06-6459-7783　FAX　05034884173 URL　https://www.ookini.company
創立	平成 30 年 2 月
事業内容	無添加美容品・アロマ関連ハーブティー等・健康関連雑貨の販売／アパレル・ギフト商材の取り扱い／古民家改装プロデュース（製パン店）／古物商／カフェ＆バー運営 ■ ありがとう市場 (オーガニックショップ) 〒 531-0075　大阪市北区大淀南 1-9-19　エンパイアービル 4F TEL　06-6459-7783　https://www.arigatouarigatou.com/ ■ じゃぱん（パンの製造・販売） 〒 553-0002 大阪市福島区鷺洲 2-10-4 TEL　06-4256-5327　https://hidamari-japan.jp/ ■ waioli・ワイオリ（カフェバー） 〒 530-0003 大阪市福島区福島 6-20-19-106 https://yarimasuyarimasu.wixsite.com/waioli ■たい焼き甘味処おめでたい（和スイーツ） 〒 531-0071 大阪市北区中津 5-1-2 TEL　070-1815-1715　https://omedetai.jp/
経営信条	生涯現役で仕事を通じ、物心両面で豊かな人生を提供する

必要な時に必要な商品を届ける木材・建材の総合サプライヤー

木のぬくもりを通じて企業や地域社会に貢献する

必要とされる商品を、必要な量だけ、必要な時に、確実にお客さまにお届けすることが、当社の最大の強味です

紀洋木材株式会社

代表取締役社長　桑原　健郎

国土の7割を森林で占める日本は、古くから木を貴重な資源とし、共存しながら歴史を紡いできた。世界最古の木造建築物である法隆寺や、大仏で有名な東大寺などの建造物に代表されるように、木は日本人が昔から最も愛する素材であった。近年は「癒しブーム」とあいまって人工的なコンクリートや金属にはない木のもつ「温かみ」や「ぬくもり」が改めて見直され、人気が高まっている。

大阪市大正区に本社を置く紀洋木材株式会社は、「木のぬくもりを通じて夢と希望の持てる幸せな企業を目指します」という経営理念を掲げ、昭和28年の会社設立以来木材一筋に歩んできた。

同社を率いる桑原健郎社長は、「当社は多くの皆様とのご縁に恵まれ、扱い品目、扱い量を徐々に増やし、木材・建材の総合サプライヤーとしてここまで業績を拡大することができました」と感謝の想いを語る。

強みは自社倉庫・自社配送部門を持ち、やり遂げる優秀なスタッフがいること

細やかで丁寧、迅速な対応で顧客の信頼を集める

紀洋木材は創業以来、「必要とされる商品を、必要な量だけ、必要な時に」適正価格でお客様にお届けすることをモットーに、社員が一丸となって事業に取り組んできた。

最大の強みは、この経営信条を支える独自のシステムが確立していることにある。

紀洋木材は1000坪を超える広大な敷地に自社倉庫を構えている。特筆すべきは、そこにストックされている木材や建材アイテムの種類の豊富さだ。スギ、ヒノキといった主要な国内木材や、ラワン合板やポプラのLVLなどの輸入商材も含めると実に400種類を超える木材が倉庫内にス

1000坪の自社倉庫には400種類以上のアイテムがストックされている

トックされている。

「自社倉庫にこれだけのアイテムを揃えているのは、お客様の様々なニーズに迅速かつ柔軟にお応えできるようにするためです」と桑原社長は力強く語る。また、木材をベストな状態で届けるには日頃の管理が重要だが、その点も豊富な専門知識を持ったスタッフが日々の管理を徹底して行っている。

もう一つ大きな特徴は、顧客の要望に即座に対応できる独自の配送体制を万全に整えていることだ。

「3・5tのユニック車をはじめ1tから4tの平ボディ車やライトバンなどの多種多様な自社車両を15~16台保有しています」

顧客からの少量の注文配送にも対応し、特殊な時間帯の搬入についてもできる限り自社のスタッフが配送して、納品時のトラブルをなくすように心がけるなど、丁寧で細やか、迅速な対応が、取引先の信頼を集めている。「豊富な商品の品揃え」「万全の配送体制」「やり遂げる優秀なスタッフ」ーこの3つの力が結集して、他社との差別化が図られている。

「どれもごく当たり前のことですが、それをごく当たり前にやり続けてきたことが、当社の誇りです」と桑原社長は熱く語る。

売り上げの安定化を目指して社内改革を実施

マンション・ビル関係の納材では関西トップクラスの業績

桑原社長は大学卒業後、東京の森下仁丹に修行のため1年ほど勤務したあと、紀洋木材に入社する。倉庫の業務や営業などを経験し、30歳の時には一通りの管理業務を任されるようになっていた。その後、先代の社長であった父親が病に倒れたため、36歳で社長に就任すると社内の改革に乗り出す。

「父親の時代の経営のやり方は、典型的なトップダウンでした。取引関係も父親のつながりや付き合いの中でのものが多く、従来のやり方を続けていては今後の会社の発展は望めないという危機感が、常にありました」と桑原社長は当時の思いを振り返る。

社長に就任して最初に手がけたことは、売り上げの安定化だった。それまでの売り上げ比率は、マンションやビルを建てる時に必要となるコンクリートの型枠合板（コンクリートパネル）などの材料売り上げが全体の9割を占めていた。

型枠の仕事は、4月から始まり、6月~10月に繁忙期を迎え、年末の12月頃に終わりを迎える。年が明けると、内装の仕上げに入り、型枠の仕事はなくなるため1月~3月の間はいつも赤字だったという。

赤字になる時期を失くし、常に売り上げを安定させるためにはどうすれば良いか。考えを巡らせた桑原社長はゼネコンの紹介を得て内装工事業者にも請納材するようになる。

それまで型枠中心だった売り上げを、他の業種にもシフトして経営の安定化を目指した。この結果、型枠の仕事が3割、内装が3割、床材が2割というように一つの部門に偏ることなく売り上げ比率のバランスがとれ、赤字になる時期が解消されるようになったという。

「お蔭様で、今ではマンション・ビル関係の納材では関西トップクラスの業績をあげるようになりました。今後は紀洋木材にしかできない日本一の分野を確立していけたらと思います」

「きちんと目標を掲げ、それに向かって努力すること」

父から受け継がれた〝困難に負けずに生き抜く力〟

桑原社長の人生を振り返る時、創業者である父親の一弘氏との関係は特別なものがある。

一弘氏は桑原社長が生まれた時から目が不自由で、大学生になる頃には完全に光を失って全盲になった。少年時代の桑原社長は、幼いながらも出かける際には目の不自由な父を助け、いつも手をひきながら歩いていたという。

桑原社長はその父親を「とにかくとても厳しく育てられました」と語る。子供らしく甘えたことも、わがままを言った記憶も一切なく、幼い頃はあまりの厳しさに反発し、父親を恨んだこともあった。

しかし、大人になってから父の厳しさは、子供を思う深い愛情ゆえのものだと気づくようになったという。「父も母も僕が生まれた時に、目が悪くならないかと、とても心配していたようです。もし、そうなった場合、この子はしっかり生きていけるだろうかと…。また、父の目が不自由なために、そのことでいじめられやしないかと、そのような心配もあったようです」

厳しく接した父の本心は色んなことを乗り越えて、負けずに強く生きて欲しいと願うものだった。

「獅子はわが子を千尋の谷に突き落とす」という言葉がある。優しいだけが愛ではない。むしろわが子が逆境を乗り越えて生き抜く力を持つには、厳しい愛が必要な時もある。

「今では、父親に感謝しています。色々厳しいことばかり言われましたが、今思えば全部間違ってはいなかったと思います」と桑原社長は父への感謝の気持ちを吐露する。

父親の教えのなかで、桑原社長が今も大切していることがある。それは目標設定を掲げることの大切さだ。

「僕は小さい時から、東大に行ってオリンピックに出場しろーと父親からはっぱをかけられていました。それだけ聞くとひどいプレッシャーをかける親だと思われますが、父の言いたかったことは、きちんと目標をもってそれに向かって努力をしなさいということだったと思います」

仕事でも今月の売り上げ目標を達成しようと思えば、一日にこれだけの課題をクリアしなければいけないというように、より具体的に自分のやるべきことを可視化する必要がある。

「漠然と頑張りますではなくて、どのような目標を持つのか。明確な目標設定をすることが大切だと、従業員にもよく話しています」

目が不自由な境遇にあっても事業を営み続け、凛として力強かった父。

「父は6年前に亡くなってしまいましたが、自分が事業を行ったり、生き抜く力になるものを、父から脈々と受け継がれていることを感じます」と、桑原社長は柔和な笑顔で語った。

マラソンも事業も諦めず常に前に一歩を踏み出す

練習は裏切らない。努力をすれば結果がついてくる

マラソン大会ではタレントの間寛平氏とも走った

桑原社長の趣味はマラソンだ。母親はヘルシンキオリンピックに陸上選手として出場したトップアスリートとしての経歴を持つ。その血を受け継ぐ桑原社長も幼い頃から走ることが好きだった。中学・高校・大学と一貫して陸上部に所属して、インターハイ・国体にも大阪代表として出場した。

「社会人になってからはフルマラソンで大阪や奈良の大会にも出場しましたし、ウルトラマラソンという１００キロマラソンにも挑戦して完走しました」と顔をほころばせる。

マラソンと事業は共通するものがあるという。途中でつらくなってリタイアしたいと思っても、そこを乗り越えて後一歩だけ前に進んでみようと頑張る。そして進んでいくと、またつらい山がきてそこをまた乗り越える。そうして一歩、また一歩と歩み続けるとついにゴールに到達する瞬間がやってくる。その時の達成感と、高揚感は何物にも代えがたい心地よさだという。

「練習は裏切りません。努力をすればするほど、結果としてきちんと返ってきます。努力を重ねることが結果に結びつくということは、マラソンも事業も同じです。まずは諦めずに一歩を踏み出してみることが何より大切だと思います」と言い切る。

建設工事部門に注力。社員との絆、チームワークで会社を発展

木材の可能性を追求。世界に一つだけのオリジナルボールペン

社員との絆、チームの力を何より大切にする桑原社長だが、社長就任当初は独力で事業を経営し、牽引しなければいけないという重圧に思い悩んだこともあったという。

桑原社長が長年親しんできた陸上競技は、短距離も長距離も基本的に単独で闘う競技だ。「その癖が身についていたからか、事業も自分一人の力で頑張らないといけないという固定概念にとらわれていたところがありました」と、当時の思いを振り返る。

自分が会社や社員の生活を守らないといけない、自分が一人でみんなを引っ張っていかなければならない。こうした思いが人一倍強く、肩に力が入っていたという。

強いプレッシャーを感じながら経営の舵取りを行っていたある日、「自分一人の力でやってきたと思うのは大きな間違いではないのか。みんながいてくれたからこそ、ここまでやってこれたのではないか」そのような気づきが胸のうちに沸き起こると共に、心境の変化があったという。

一人の力には限界がある。みんなで力を合わせることで、大きな夢や目標も叶えることができる。そう考えるようになった桑原社長は、「今では自らの力だけでなんとかしようとする考えもなくなり、社員全員が一丸となったチーム力で会社を作っていきたいと思うようになりました。僕のやるべきことはみんながそのようなチーム力を発揮することのできる働きやすい環境を作ることだと思っています」と、きっぱりと語る。今後の展望については「今現在、木材を加工して、当社独自のオリジナルのボールペンを作る取り組みをしていますが、今後はうちでサンプルを作ったものを

社員の結束力が紀洋木材の強みとなっている

メーカーとコラボして注文を受けたり、ネット販売にも挑戦できたらと思っています。木材にはアイディア次第でまだまだ新しい市場を開拓できる可能性があると感じでいます」と、瞳を輝かせる。

また、6年前に建設業の免許を取得して、建設工事にも乗り出した。工事部門の売り上げは全体の1割を超えるようになり、売上部門のバランス構成に寄与している。「これからは工事部門にも力を注ぎ、更なる事業の発展につなげていきたいです」と意欲満面だ。

「一人で幸せになっても仕方ありません。社員全員と喜びを分かち合い、幸せになれればと思います。そして、時代に負けないように常に新しいことを見つけ、チャレンジし、木材業界の発展に貢献できればと願っています」と、力強く語る。

日本の伝統産業としての木材業界の重みを継承しつつも、時代の新しい流れを見据えて新境地を切り拓いていく。桑原社長と紀洋木材の飽くなきチャレンジはこれからも続いていく。

President Profile

桑原　健郎（くわばら・けんろう）

昭和 38 年生まれ。大阪市出身。中学・高校時代は陸上選手として活躍、大阪代表としてインターハイ、国体にも出場。
昭和 60 年同志社大学文学部卒業後、森下仁丹に就職。間もなく目が不自由だった父を助ける形で家業の紀洋木材に入社。倉庫業務や営業、管理部門などの勤務を経て平成 12 年に社長就任。「必要とされる商品を、必要な量だけ、必要な時に」適正価格で提供する「当たり前のこと」を「ごく当たり前にやり続けること」を経営信条としている。
座右の銘は「一所懸命」

Corporate Information

紀洋木材株式会社

所在地	〒 551-0013　大阪市大正区小林西 1 丁目 16 番 2 号 TEL 06-6552-6391　FAX 06-6552-5332 URL　https://www.kiyolumber.co.jp
設立	昭和 28 年 12 月
資本金	5,000 万円
従業員数	22 人
事業内容	国内外の有力な木材メーカーや木材商社より「確かな品質の木材や建材」をタイムリーに仕入れ、ゼネコンや型枠工務店、造作工務店向けに販売。内外装・建築工事
企業理念	私たちは木のぬくもりを通じて、夢と希望の持てる幸せな企業を目指します

世界中の授業を誰もがどこでも受けられるシステムを構築

次代を拓く国際遠隔教育システムのパイオニア

外国のにおいを嗅ぐことができる授業こそ、国際遠隔授業の大きな特徴です

株式会社 国際遠隔教育設計

代表取締役　西澤　康夫

新型コロナウイルスの感染拡大により、世界経済は大きな打撃を受け、生活や仕事の様式が一変しつつある。

新型コロナ禍を機にあらゆる分野で変革を強いられている国際社会の中で、今日本に求められるのはぶれることのない国際社会との協力、協調姿勢を貫くことだ。

製造業やサービス業など幅広い産業の現場で生産労働人口の減少に伴う人手不足は慢性化し、今や外国人労働者は必要不可欠な存在となっており、少子高齢化が加速する今後もより一層彼らの力が求められる。

一方、薬品大手、武田薬品が海外企業との連携でコロナウイルスのワクチン開発に勤しむなど、優れた技術やモノ、サービスを生み出すための国際協力の重要性は言うまでもない。

国際協力、国際連携が重要性を増す中で、何より求められるのが言語力、これによるコミュニケーション力、そして異文化に対する正しい知識と理解だ。

岐阜市にある株式会社国際遠隔教育設計は、西澤康夫代表が築き上げてきたノウハウを駆使して国際間での遠隔授業を展開している。

授業の柱は言語力を身につける英語教育と外国の文化や習慣などを学ぶ国際授業の2つだ。世界ビジネスを実践する上で求められるテーマが中心に扱われ、学生やビジネスマンの受講が年々増えている。

西澤代表は、「これまでは海外に留学して文化や知識、言語を学ぶというパターンが主流でした。しかし、国際遠隔教育だと直接海外に行かなくても、オンラインで留学と同じ体験ができるようになります。いわばお茶の間留学です」と力説する。

シドニー大学と授業交換システムを構築

ソニア・ミツアック氏の協力を得てプロジェクトが始動

兵庫県出身の西澤代表は、広島大学、同大学大学院を経て、昭和46年から岐阜大学教育学部英語教育講座を担当し、講師、助教授を務め、昭和63年に教授に就任。平成14年まで勤め上げた。

「この間文部省在外研究員として、英国バーミンガム大学でシェイクスピアを研究し、平成5年には『シェイクスピアの芸術』（近代文芸社）を出版させて頂きました」

そしてもう一つ、今の国際遠隔教育設計に繋がる西澤代表の大きな取り組みとして、オーストラリアシドニー大学とともに行った授業交換システムの構築があげられる。実現に至るきっかけは岐阜県の産学共同事業プロジェクトだった。

「海外で行われている大学の授業を岐阜県下の大学にオンラインで配信しようというのがプロジェクトの全容でした」

オンライン授業の協力を得られる海外の大学を探すチームが結成され、その一員に西澤代表が選ばれた。

「岐阜大学の提携校にアプローチするなど、様々な手を尽くしましたが、当初は中々上手くいきませんでした」と振り返る。

こうした中、ある人物からオーストラリアで活動する3人の学者を紹介された。その中の一人が、後に西澤代表のパートナーともいうべき存在となる、当時シドニー大学文学部研究員を務めていたソニア・ミツアック氏だった。「ソニア氏の協力を得てプロジェクトは前に進み始めました」

平成16年に岐阜大とシドニー大の間で国際遠隔授業が実現

ソニア氏をメーン講師に国際遠隔授業の会社を設立

シドニー大学と岐阜大学は互いに情報を交換し、打ち合わせを重ねて授業交換システムの構築を図った。西澤代表は両大学の交換授業科目の選定作業などを行い、平成16年にシステム構築に成功した。

これによって西澤代表自身の担当科目である「異文化コミュニケーション論」に、シドニー大学でソニア氏が手掛ける「多文化主義」の講義を取り込み、コンソーシアムに録画授業を提供した。

留学して現地で授業を受けているかのような体験ができるソニア氏の国際遠隔授業

「大学間の連携協定に基づく国際遠隔教育は当時世界には存在しない全く新しい取り組みでした。私たちがその第一歩を記すことができて感慨深いものがありました」と振り返る。

西澤代表はこの遠隔授業を後に国際学会で発表し、授業の概要などがアメリカの教育ジャーナルや書籍にも取り上げられ一躍脚光を浴びた。

平成21年から同23年までの3年間は、ソニア氏の授業が国際ネットワーク大学コンソーシアムの加盟校に配信されると共に、岐阜大学主催の市民大学講座でも配信された。

「この講座は、岐阜大学の学生と一般市民の合同クラスにソニア先生の授業を提供するというものでした」

しかし、岐阜市と岐阜大学の共同で行われていた市民大学講座が終了して以降は、遠隔授業の存続自体が困難な状況に。

国際遠隔授業の創生期からずっと関わってきた西澤代表は、「何とか続けたい」と可能性を模索し、大学主導ではなく自身で取り組んでいくことを決意。「まずはソニア先生に無償での授業提供をお願いしました」

国際遠隔授業の灯を絶やさないため、西澤代表は周りの協力を得ながらあらゆる手を尽くした。そして平成28年8月に、ソニア氏をメーン講師として、国際遠隔授業を専門に行う会社、株式会社国際遠隔教育設計を立ち上げたのだ。

日本にいながら海外とじかに触れる感覚が伴う国際遠隔授業

双方向のライブ授業特有の臨場感や快い緊張が楽しめる

会社の設立以降、西澤代表が講座の企画を立ち上げ、オンライン授業を次々実施していった。授業で扱われる内容は、外国の風物や文化、言語や社会制度、習慣といったものが中心となっている。

「こうした情報を単に説明するだけではなく、じかに触れる感覚が伴う授業という点が、国内で行われる遠隔授業と根本的に異なります。言い換えれば外国のにおいを嗅ぐことができる授業です。

これこそ国際遠隔授業の大きな特徴といえます」

平成28年から一貫して行われてきたのが、ソニア氏のオーストラリアに関する授業だ。長年オーストラリアで生活し、オーストラリアの多文化主義を研究してきた彼女にしか知りえないオーストラリアという国の全てを学ぶことができる授業となっている。

「オーストラリアが多くの移民を受け入れ、多文化の国になったのは、実は日本が大きく関わっています。太平洋戦争で日本がオーストラリアのダーウインやシドニーを攻撃したことで、未曽有の危機感を抱いたオーストラリアが、国力強化のため、海外から積極的に多くの人材を受け入れ、それが今に繋がっています。また、今では敵対していた日本とも友好な関係を築いています。そんな知られざるオーストラリアの歴史を紐解いていけば、国の魅力や奥深さに触れることができる。毎回とてもワクワクした授業になります」

このような授業こそが国際遠隔授業の最大の魅力であると強調する西澤代表は、「留学をすることなく、海外の専門家の授業を受けられ、しかも質疑応答や議論を行うこともできる。双方向のライブ授業特有の臨場感や快い緊張が楽しめます」と強調する。

『変容する遠隔教育の諸学横断的検証』
(2015): 遠隔教育の変容を諸分野横断的に
検 証した諸論文収載学術参考書

国際派の人材を育てる「英語力養成講座」

受講者のレベルに合わせた授業を展開

国際遠隔授業とともに、西澤代表が力を入れているのが、「英語力養成のための授業」だ。「国際社会でビジネスを展開していくには、英語力を養ってしっかりとコミュニケーションをとることが不可欠です。日本の将来のためにも、英会話が当たり前にできる人材を育てることは非常に重要だと考えます」

西澤代表が企画する英語力養成授業では、一般人、学生、ビジネスマンなど、あらゆる人を対象に、英語スキルを高める授業を行っている。日本の学校では、基本的な英語の発音や文法を、細部にまでこだわって教える先生が中々いない。課題やテストで良い点を取るためだけの勉強になっており、きちんと英語でコミュニケーションが取れるための学習になっていないのが今の日本の現状だ。

これに対して西澤代表は、「私たちの授業では日本語と英語の決定的な違いや、語順法則に則った、英語特有の意味の伝わり方など、基本の基本が、きちんと論理的に理解できる形で英語を学習して頂きます」と説明する。

レベルによってクラスを分け、初級・中級は、英語科目の豊富な講師経験をもつ西澤代表自らが教鞭をふるい、上級クラスは外国人の講師を招いて行う。

「日本語通訳のサービスは付きますが、ソニア先生の授業は全て英語です。英語の基本と英会話をマスターして頂くことで、国際授業をより深く楽しく受けて頂くことができるようになります」

世界規模の授業交換で誰にも平等に学びの場が得られる

最終目標は〝大学レベルの授業を国際化〟すること

会社設立から4年が経過し、国際遠隔の授業も徐々に広がりを見せてきた。現在、国際遠隔授業受講の申し込みは電話やＦＡＸを中心に行っているが、今後はホームページから申し込みができるようにする予定だという。具体的にはランディングページを制作し、そこに授業のテーマや内容を網羅し、受けたい授業を選んで簡単に申し込みができるシステムだ。

加えて西澤代表は、「授業の形態自体も今後変えていかなければなりません」とも。

「今は10～30人収容の会議室に受講者を集めて、モニターで授業を受けて頂く形をとっていますが、新型コロナウイルス対策で密になる環境はできるだけ避けなければなりません。そこでＺｏｏｍ（テレビ・Ｗｅｂ会議ツール）などを駆使して、受講者の方々も自宅などから遠隔で授業を受けてもらう仕組みを準備しています」

さらに授業の内容に関しても、

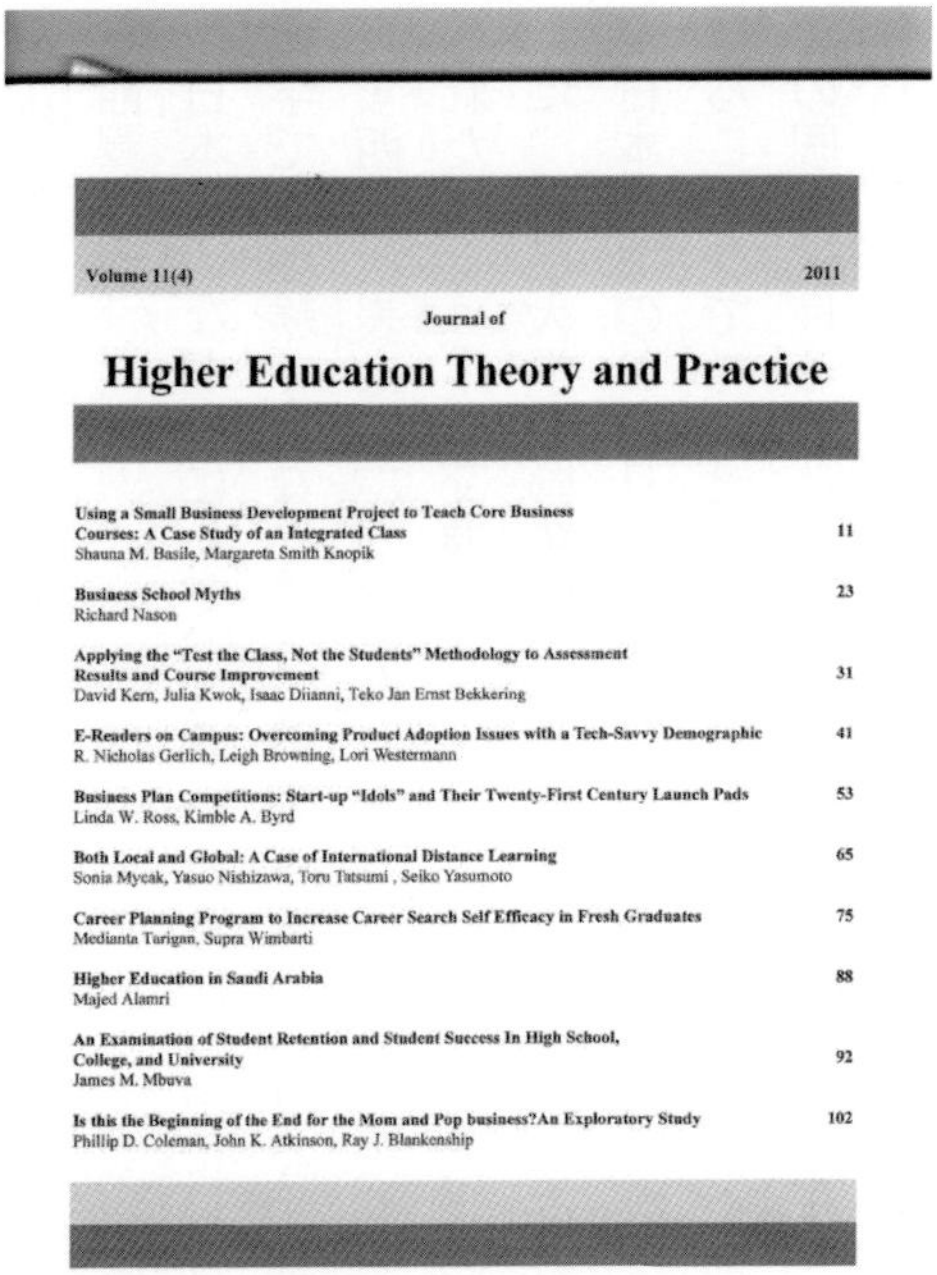

Volume 11(4) 2011

Journal of

Higher Education Theory and Practice

Using a Small Business Development Project to Teach Core Business Courses: A Case Study of an Integrated Class 11
Shauna M. Basile, Margareta Smith Knopik

Business School Myths 23
Richard Nason

Applying the "Test the Class, Not the Students" Methodology to Assessment Results and Course Improvement 31
David Kern, Julia Kwok, Isaac Dilanni, Teko Jan Ernst Bekkering

E-Readers on Campus: Overcoming Product Adoption Issues with a Tech-Savvy Demographic 41
R. Nicholas Gerlich, Leigh Browning, Lori Westermann

Business Plan Competitions: Start-up "Idols" and Their Twenty-First Century Launch Pads 53
Linda W. Ross, Kimble A. Byrd

Both Local and Global: A Case of International Distance Learning 65
Sonia Myeak, Yasuo Nishizawa, Toru Tatsumi , Seiko Yasumoto

Career Planning Program to Increase Career Search Self Efficacy in Fresh Graduates 75
Medianta Tarigan, Supra Wimbarti

Higher Education in Saudi Arabia 88
Majed Alamri

An Examination of Student Retention and Student Success In High School, College, and University 92
James M. Mbuva

Is this the Beginning of the End for the Mom and Pop business?An Exploratory Study 102
Phillip D. Coleman, John K. Atkinson, Ray J. Blankenship

『高等教育：理論と実践』(vol.11(4), 2011)：高等教育関係の諸論文を掲載するアメリカの電子ジャーナルの紙媒体版

「今後講師陣をもっと充実させて、バリエーション豊かな授業を実現できるようにしていきます」と西澤代表。

日本にいながらにして、さらにいえば自宅にいながらにして、海外の大学で行われている日本の大学では経験できないような授業が受けられる。他に例を見ないこうした国際遠隔授業の普及を目指す西澤代表は、「逆もまたしかりで、例えば、シドニー大学との学術連携を模索する中で生み出されたモジュール交換方式によって、ソニア先生の授業を岐阜大学に配信していただくことのお返しに、岐阜大学の国語の先生がシドニー大学に向けて、方言の授業を配信したり、音楽専攻の先生が日本各地のお祭りを紹介する授業を配信していました。これらの授業は海外の大学では絶対に受けることはできません。こうしたそれぞれの国や地域ならではのオンリーワンといえる授業を、どの国も受けることができる世界。いわば〝大学レベルの授業の国際化〟が最終的な私の目標です」と力を込める。

日本にいながらにして、諸外国の文化や価値観を頭だけでなく、肌で感じながら学ぶことのできる国際遠隔授業は、今後に大きな可能性を秘める魅力溢れるコンテンツだといえる。この分野のパイオニアともいえる西澤代表は、本拠地の岐阜から、国際遠隔授業の可能性を探る。

「既存のシステムへの過度の依存を離れ、オンラインでの学びの場を誰にも平等に提供することが出来れば、教育格差を世界規模でなくさせることができると考えます。世界各国が協力しあって、国際遠隔授業を、個人単位で選んで利用できる仕組みを作っていきたい」と語る西澤代表の飽くなき挑戦は続く。

President Profile

西澤　康夫（にしざわ・やすお）

昭和 17 年 2 月兵庫県朝来市生まれ。昭和 39 年広島大学文学部卒業。同 41 年広島大学大学院修士課程修了。広島大学付属中・高等学校勤務を経て同 46 年広島大学大学院博士課程単位取得退学。岐阜大学教育学部英語教育講座勤務。講師、助教授を経て、同 63 年教授。この間文部省在外研究員として同 61 年に英国バーミンガム大学「シェイクスピア研究所」滞在。平成 5 年『シェイクスピアの芸術』（近代文芸社）上梓。平成 14 年 4 月から同 19 年 3 月まで岐阜大学教育学部生涯教育講座教授。平成 28 年 8 月、大学レベルの授業の国際化をめざし、株式会社国際遠隔教育設計を設立。

Corporate Information

株式会社 国際遠隔教育設計

所在地	〒 500-8046　岐阜県岐阜市米屋町 24-1-702 TEL　058-215-0674　FAX　058-216-0818 URL https://www.kokusai-enkaku-kyoiku.co.jp/
創立	平成 28 年 8 月
資本金	200 万円
業務内容	団体を対象とした出前授業（＝国際遠隔教育）の実施、一般受講生のための国際遠隔授業（セミナー）、英語力養成のための授業 ■国際遠隔授業のメリット ・移動や滞在にかかる費用を節約しながら、自国では受けられない内容の授業に参加できるメリットがあります。 ・海外へ留学せずとも、海外の専門家による授業を受講し、かつ質疑応答や議論に参加することが可能です。 ・世界の知の最先端に触れ、語学力を磨き、思想を練る機会を手軽に得ることができます。大学や教育・研究機関のみならず、企業の海外赴任前の研修などにも活躍します。

グローバルニッチで世界のトップを目指す

トンネル関連技術でオンリーワンビジネスを展開

新たなグローバルニッチトップを目指して社員が一丸となってシステム作りに邁進していきます

株式会社 創発システム研究所

代表取締役　中堀　一郎

古くから港町として発展してきた神戸は、明治に入っていち早く文明開化の洗礼を受けて国際貿易都市として発展してきた。異国情緒漂うエリアと庶民的な下町が入り混じった神戸の市街地に本社を構え、主として道路トンネルの換気制御システム事業を展開してきた創発システム研究所がある。

平成12年に、兵庫県庁にほど近いビルの一室で創業した創発システム研究所は、創業以来20年間、道路トンネルの換気制御システムに特化した研究開発を継続してきた。

経営理念に、「道路トンネルのビジネスを通じて社会に貢献する」「常にイノベーションを会社の推進力とする」を掲げ、日本の道路トンネルの安全と安心のために技術革新を継続している。

現在、道路トンネル市場において、3つのオンリーワン製品、「換気制御ソフトウェア」、「インバータ換気動力盤」、「レーザー式車両検知器」を市場に提供している。

創発システム研究所は、大手電機メーカーに勤めていた中堀一郎社長が、退職後58歳でスタートアップした。

「素晴らしい人々との出会いや、いただいた啓示は私の大きな財産です。そのような充実した時を仲間と再び経験したいとの想いから創発システム研究所を立ち上げました」と語る中堀社長は根っからのエンジニアだ。

大手企業で33年のキャリアを積んでスタートアップ

満を持して58歳で創発システム研究所を立ち上げ

京都で生まれ育った中堀社長は京都大学工学部で電気工学を専攻、同大学院修士課程修了後、昭

神戸三宮・大丸近くの洒落た雰囲気の場所にオフィスをかまえる

和42年に三菱電機株式会社に入社した。中央研究所で10年間研究開発に従事したあと、制御製作所で公共事業に12年携わった。公共関係の上水道や下水道の設備のシステム、さらに道路トンネルの換気制御システムを手掛けてきた。

「研究所にいた時は中央道恵那山トンネルの換気制御ソフトウエア開発を担当しました。その後、製作所に移ってから、新潟と群馬を繋ぐ当時日本最長となる関越トンネルの換気検討委員を約10年間務めた後、換気制御システムの製作に携わりました」と振り返る。

その後、制御製作所公共部長、産業システム研究所所長、などを歴任。平成12年に三菱電機株式会社を退社し、創発システム研究所を設立した。大企業で計33年キャリアを重ねて来た中堀社長だったが定年退職を待たずして58歳で早期退職し、第二の人生の情熱を起業に傾けることとなる。

当初から道路トンネルの換気システムに特化した事業に取り組んで来た創発システム研究所だったが、中堀社長は、前の会社にいる頃から「道路トンネルをやりたい」と話していたそうだ。

当時、大企業が公共事業の主対象として取り組んでいたのは上下水道などの水処理分野であり、道路トンネル分野は事業規模が小さいと受け止められていた。

「そういう事もあって私が起業した際には道路トンネルの換気制御シミュレーションソフトウェアのライセンスを、元いた会社の研究所から取得することができ、スタートしました」

古巣の会社のバックアップを得て万全のスタートを切った中堀社長だが、起業したばかりの会社に開発の能力はなく、今は常務取締役を務める次女の若松万里子さんに支えられながら、少人数でできる事をコツコツとやっていたという。

事業の先駆けとなった「換気制御用ソフトウェア」

トンネル換気制御分野に明るい専門性が高く評価

起業から半年程たった頃にソフトの開発に向けた人材を迎え入れることができた。

トンネル事業の先駆けとなったのは、交通シミュレータと換気シミュレータを内蔵し、予測交通量に応じた最適換気制御を可能にした「モデルベース予測換気制御ソフトウェア」だ。

「以前の換気制御ソフトは三菱電機や日立製作所などの大手メーカーが作っていました。しかしオリジナルのものを作りたいと高速道路会社から委嘱を受け、開発を重ね厳しいテストを経て5年後に導入が始まりました」

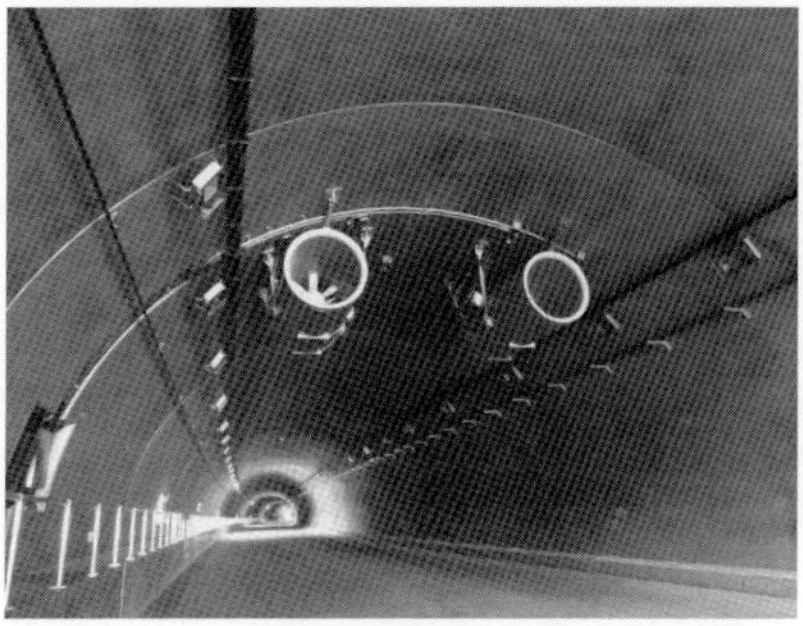
道路トンネル換気制御システム

その後、対面通行トンネル用に特化した「コンパクト換気制御ソフトウェア」を土木研究所と共同開発して実用化した。

こうした実績から高速道路会社以外に換気メーカーからも仕事の依頼が来るようになった。トンネルごとに形状や換気条件が違うので創発システム研究所がカスタマイズしたソフトウェアをメーカーのコンピュータに搭載する。

「道路トンネルはコンパクトなシステム対象ですが、省エネ性や安全性などシステムに必要な全ての機能が必要です。私たちのような小さな企業にとっては一式全てを手がける事ができるので非常に魅力的なビジネスです」と専門性に特化する醍醐味を語る。

会社勤めの時代に研究部門と製造部門に携わった中堀社長は、換気制御の研究開発と製造販売に携わっていたことが事業展開の土台となっているという。

こうした中堀社長のトンネル換気制御分野に明るい専門性が強みとなり、起業して10年経った頃には前にいた会社だけではなく他の企業からの受注も多く寄せられるようになり、事業は順調に伸長していった。

国内外から高い評価「インバータ換気動力盤」

国際トンネル換気学会で最優秀論文賞を受賞

2つ目のオンリーワン製品は、業界初のインバータによるジェットファン駆動を可能にした「インバータ換気動力盤」だ。平成19年から5年にわたり経済産業省の補助金約3000万円を得て開発した。同22年に都市高速道路で5台が取り付けられたのを皮切りに、現在は全国の道路トンネル

インバータ換気動力盤

に採用され業界の標準モデルの1つとなっている。トンネル内の空気環境を適切に維持して省エネ性を実現し、火災などが発生した際には煙を素早く制御し、利用者の避難を助け安全性を高める技術だ。

それまでのジェットファンは、運転か停止のオンオフ運転しかできなかったが、インバータによりジェットファンは0～100％の任意の回転数運転が可能となり、画期的な製品とされる。

これまで、ジェットファンをインバータで駆動する際に大きな障壁となっていた各種電磁ノイズの課題を、特殊フィルタを開発して解決し、特許を取得した。

このインバータ換気動力盤は2020年時点全国15のトンネルで約130台のジェットファンに適用されている。国内では、兵庫県のものづくり大賞や発明賞などを得ているが、海外からも、アメリカニュージャージーで開催された国際トンネル換気学会（第13回BHR）で最優秀論文賞を受賞するなど、国内だけでなく国際的にも評価されている。

3つ目のオンリーワン製品　高速道路の「レーザー式車両検知器」

レーザー光線によって近づく車の速度を計測

レーザー式車両検知器

創発システム研究所の3つ目のオンリーワン製品が高速道路の「レーザー式車両検知器」だ。従来の交通計測は道路に埋設するループコイルの電流変化を検知する「ループコイル式車両検知器」が主流だった。5m離して設置された2つのループコイル上に車が通過すると電流信号が出て速度や車種を計測する仕組みになっていた。

しかし道路に埋め込まれたコイルの上を車が走り続けることでコイルの劣化が早まり、断線するという難点があった。計測精度は優れており原理も簡単だが、断線する度に道路を掘削する工事を行わなければならない。カメラや超音波を用いた検知器も検討されてきたが、天候等に左右され、精度が十分ではない。

「何かいい物がないか」と高速道路の関連会社の依頼を受けて創発システム研究所が考え出したのがレーザーを用いた検知器だ。ポールの上に設置するコンパクトな検知器で、レーザー光線によって通過する車の車種と速度を計測する。

雨風など天候の変化に対応して補正する機能を搭載し、ループコイルと同等の精度を実現した。高速道路会社からの開発委託を得て約3年をかけて開発、2年の実験期間を経て製品化した。ここ3年で約50セットを製造している。

「今はレーザー式が受け入れられ始めたというところです。安定化するためにさらにブラッシュアップしてポジションを固めたい」と意欲満々だ。

こうして創発システム研究所は、「今では従業者が20人程度となりました。昔一緒に仕事をしていて定年退職してから参画してくれた仲間も数名います。最近では、若いエンジニアも増えてきており、シニアが若手を育てるという環境が開発に良い影響を与えています」

会社を盛り上げる人材に恵まれ、トンネルの換気制御システムを軸に研究開発に励みさらに事業分野を広げていく。

東南アジア・ASEAN諸国に国際貢献を目指す

「創発」は常に研究し、開発していく「研究所」

「換気制御ソフトウェア」、「インバータ換気動力盤」、「レーザー式車両検知器」の三つの製品を柱に他にはないオンリーワンの技術を生み出す企業として事業を展開してきた創発システム研究所だが、今後は国内にとどまらず東南アジア諸国に国際貢献する計画を進めている。その一環としてベトナムのハノイ工科大学と道路トンネルの換気制御に関する共同研究をスタートした。

中堀社長は海外の専門家との交流にも意欲的である。神戸大学と共催して神戸で開催した国際セミナーでは、神戸大学玉置久教授をコーディネーターに、イギリスのダンディー大学の機械工学の名誉教授であり創発システム研究所のテクニカルアドバイザーでもあるアラン・バーディ博士をチェアマンに迎え、世界的な専門家を招き100人規模の聴衆を集めた。

新技術より実績のある技術を重視しがちである業界関係者に、海外の著名な専門家から最新技術を直接紹介してもらいたいという意図がある。

中堀社長は、隙間産業における世界市場のトップ企業を意味する「グローバルニッチトップ」と

国際セミナーの様子。海外の専門家との交流も意欲的だ

いう言葉を掲げる。創発システム研究所を立ち上げて20年が経ったが、今後20年は海外を視野にさらに広がりを求めていく。

「今日ようやくある程度のポジションを得ることができました。これをキープしながら新たなグローバルニッチトップを目指して社員が一丸となってシステム作りに邁進していきます」とさらなる高みを目指す。

創発システム研究所の会社名に込められた「創発」とは、個が集まり組織になった時に大きなものを生み出すという意味がある。

そんな創発システム研究所は中堀社長が人生で遭遇した「究極の開発対象」だという。

大企業の中で組織を運営したり、ビジネスのやり方を学んだ中堀社長だが、社会の中で1つの新しい企業がいかにポジション取りをしていくかを実践してみたくて、定年を待たず退職してスタートアップしたという。

世間一般には初老に差し掛かった58という年齢でのチャレンジには驚かされる。

数々の優れた技術を世に送り出し、今後もグローバル化していく創発システム研究所が今後どのような展開を魅せていくか、中堀社長の「挑戦」は続く。

President Profile

中堀　一郎（なかほり・いちろう）

昭和 16 年生まれ。京都府出身。京都大学大学院修士課程（電気工学専攻）修了。工学博士。昭和 42 年三菱電機入社。中央研究所、制御製作所などで勤務し、産業システム研究所所長、開発本部理事などを歴任して退職。平成 12 年に創発システム研究所を設立。社長就任。
創業以来 20 年、常に『チャレンジし続ける精神』と『新しい目標』を置き、これまでトライしてきたものの中から自発的に新しいものを生み出していこうとする創発現象が生まれてくることを願っている。

Corporate Information

株式会社 創発システム研究所

所在地	〒 650-0035　神戸市中央区浪花町 64　三宮電電ビル 3 階 A-2 TEL　078-325-3220　FAX　078-325-3221 URL　www.sohatsu.com ◉兵庫工場 〒 652-0884　神戸市兵庫区和田山通 1-2-25 神戸市ものづくり工場 C-108 TEL　050-3728-5376　FAX　050-3728-5376
設立	平成 12 年 4 月
資本金	4000 万円
事業内容	環境分析、省エネ検討、ソフトウェア開発、計装システム開発、情報通信機器の開発および製造
主な製品	新 FF 換気制御装置、トンネル火災シミュレーション装置、ジェットファン用インバータ換気動力盤、レーザー式車両検知器、ポンプレス CO 計、短距離 VI 計、断面風速計、火点位置検出装置、事故検出装置、画像交通計
経営理念	創発システム研究所は、お客様との信頼関係を大切にし、人に安心で快適な環境を提供いたします。 (1) 道路トンネルのビジネスを通じて社会に貢献する (2) 常にイノベーションを会社の推進力とする (3) 顧客の満足度を大切にする (4) 社員とすべての関係者（ステークホルダー）の成長・発展を基本とする

人とロボットの共生・協働社会を目指すリーディングカンパニー

最先端のロボット技術を牽引するプロフェッショナル集団

究極の目的は当社のロボットを導入して、人間が人間らしく暮らせる社会を作ることです

株式会社 匠

代表取締役社長　後藤　元晴

玄界灘の壱岐や対馬をはさんで朝鮮半島に近接する九州・福岡は、古くから大陸と日本の架け橋の役割を担い、当時最先端だった大陸の文物・文化を流入してきた。

近代では明治期の工学者・実業家として知られる團琢磨や、機械工学者として高性能ガスタービンの開発にあたった葛西泰二郎など、工学の知識を活かして国の発展に尽くした人たちを輩出している。

現在、ロボット事業で注目を集める株式会社匠の後藤元晴社長もまた、その系譜を継ぐ人物だ。同社は生産・物流拠点内の運搬管理（マテリアルハンドリング）を行うための搬送用ロボットの企画から設計・開発、製造、メンテナンスまでをトータルで提案する自律型搬送ロボットのリーディングカンパニーだ。

主な供給先は製造業と物流業で、これまでFA業界のみならず、商業施設や一般家庭まで幅広い環境に適応できるロボットを提案してきた。

後藤社長は「ロボットを求めている分野は今後どんどん広がっていきます。近い将来、工場や病院だけでなくあらゆる公共施設や店舗で、ロボットが活躍する日がくるでしょう」と語る。

ロボット走行制御技術の最先端を走るプロの職人集団

高く評価される自律型搬送ロボットを次々と開発

「Ｒｏｂｏｔ Ｍｏｒｅ Ｆａｍｉｌｉａｒ（ロボットをもっと身近に）」を理念とする匠が開発・製造するロボットには、物流センターなどで活躍する自律型搬送ロボットと、病院などの医療現場や介護施設で使用する高機能搬送ロボットがある。ともに高度なセンサーや指紋認証などの先端技術を搭載し、柔軟性・安全性の高い搬送を実現できるのが強みだ。

同社の自律型搬送ロボット「TiTra」シリーズのリフタタイプは、運搬する棚の下に潜り込み棚ごと持ち上げて作業者のもとに搬送する。作業者が動き回る必要がないため、作業効率が大幅に向上するとともに、人件費の削減も可能にする。搬送する棚が増えた場合でもロボットの増車が容易なので、アイテム数の増加に柔軟に対応できるメリットがある。もっと軽量なモノをフレキシブルに搬送がしたい場合は同じくTiTraのSLAMタイプがおすすめだ。自分がいる位置の推定と周囲の環境地図作成を同時に行う最先端のSLAM技術を活用して周囲の障害物を検知し、AIを駆使した走行制御で障害物をスムーズに回避することができる。

その他の主な製品には、搬送物の長さや形状に合わせてロボットが隊列を組んで目的地まで搬送する「ANT」はオリジナリティに溢れているし、全方位走行を可能にしたハードウェアにSLAM機能を搭載し、機動性と汎用性を兼ね備えて柔軟かつ効率的にモノを運ぶ自律型搬送ロボット「GAIA」など、物流業や製造業の様々なニーズに対応するラインナップとなっている。

一方、高機能搬送ロボット「TUG」シリーズは、病院や介護施設で薬品や検体、医療廃棄物などの搬送を行う。中でも「T2」は指紋認証や暗証番号によって開閉できるセキュリティ機能を完備している。カートの引き出しに様々なタイプがあり、薬品や検体などの重要品目を安心・安全に運ぶことができる。

また「T2・5」は台車や棚などを持ち上げることができるリフターを装備し、450kgという積載荷重を活かして大量のリネンや給食など重量物も簡単に運ぶことが可能だ。

さらに「T3」は前後左右に回転可能なオムニホイールを装着して全方位に移動できる。後方レーザーを搭載して台車を認識し、人手を借りずに台車を無人で積み下ろすことができる。

そして「T3XL」は積載荷重が「T3」の約1・5倍で、かつリフター部の全長が約1・3倍というロングボディモデルだ。よりパワフルで大容量の荷物搬送を可能にした。こうした革新的な製品は、クライアントはもちろんメディアや自治体からも高い評価を得ている。

人手不足の解消、労働負荷の軽減、高い生産性を実現

現場の運用に合わせたシステム構築が可能

匠という社名通りものづくりへの強いこだわりをもつ

匠という社名には、最先端技術の開発と日本古来の「ものづくり」へのこだわりを融合させてロボット事業を進めていきたいという強い想いが込められている。後藤社長は「ロボット走行制御技術に関しては世界をリードしていきたい」と意欲満々。匠はまさにロボット技術の最先端をけん引するプロの職人集団である。

そんな匠がメイン市場とする搬送分野には大きな課題が3つあるという。1つは人がモノを運ぶやり方では人件費がかかること、2つめは人が重い荷物を運ぶのは安全面で不安があること。そして3つめは広い工場や物流センター内を人が移動してモノを運ぶのは非効率であることだ。これらの課題を解決し、要求される物流コストの軽減を図るのが、匠が提供するロボット製品の数々なのだ。

あるクライアントは、人手不足のため重量物の搬送ができないという悩みを抱えていた。課題解決のためには新たに人を雇うか、現有の社員を割り振り、手分けして物品を運ぶ。あるいはベルトコンベアなど大掛かりな設備を設けるなどの対応に迫られる。

しかし人を増やせば人件費がかさみ、現有戦力で対応すれば社員の負担が増える。設備を導入すれば多額の経費が必要になるなど問題は多い。しかし、匠のすごいところは、ロボットの導入で一気に課題を解決できる点だ。

「当社のロボットならどこへでも移動できるため必要な場所に容易に設置でき、大規模な固定式の設備投入をしなくて済みます。さらに上位システムやエレベーター、自動ドアとの連動で、現場の運用に合わせたシステム構築が可能です。このため非常に高い導入効果を提供することができます」と後藤社長は胸を張る。

究極の目標は自社のロボット導入を通した社会貢献

人間が人間らしく生活できる社会づくりを目指す

世界の産業用ロボットの販売台数は平成25年から平成29年の5年間で2倍に増加した。なかでも日本は世界一のロボット生産国で、経済産業省の調べでは世界のロボットの6割弱が日本製だという。

こうしたトレンドを背景に後藤社長が匠を立ち上げたのは平成27年3月のことだ。当時後藤社長はFA関連の会社を経営していたが、後継者に事業を託し、新会社匠を設立した。

「それまで経営していた会社の一事業部門としてロボットを手掛けることも考えましたが、その

最先端のロボット技術を牽引するプロ集団

程度の安易な気持ちや意気込みで始めても駄目だろうと思いました。ロボット事業だけを専門に手掛ける会社を作り、全ての力を注ごうと決意しました」と、過去をリセットしてロボット事業一本で新たなスタートを切った。

当時はまだロボット事業の将来性について慎重な意見もあったが、後藤社長は自分の判断を確信していた。その後、後藤社長の目論み通り、ロボット産業は右肩上がりに発展し、15年後には市場が9兆7000億円に達すると予想されている。

このうち搬送ロボットは中国やインドなどの海外勢が元気だが、日本製品を求める声も多い。まさにこれからが匠の出番というわけだ。

ロボット導入には便利さの追求というイメージが付いてまわるが、後藤社長が目指すのは単なる利便性ではない。「究極の目的は当社のロボットを導入することによって、人間が人間らしく暮らせる社会を作ること。つまり社会貢献です。ロボットはそのための手段に過ぎません」と熱く語る。

ロボット導入によって企業の人材不足を解消し、人々のワークライフバランスを守ることもその1つだ。

「高齢化・少子化による人手不足は今後さらに加速するでしょう。もしかしたら近い将来、オフィスビルの掃除をしてくれる人がいなくなり、社員が残業して掃除をするようになるかもしれません。すると帰宅時間がどんどん遅くなり、家族と過ごす時間が減り、不満が溜まる。それは人間らしい生活とはとても言えませんよね。そんな状況を我々の技術で変えていきたいのです」

単なる利益追求ではなく、自社のオリジナル技術を駆使して社会に貢献するという大きな理念が、後藤社長をさらに高度な開発に駆り立て、より優れた技術の獲得に導く。

「この姿勢はこれまでも、これからも決してぶれることはありません」と言い切る。

速い対応と高い提案力、きめ細やかなフォローを実現

最適な対応ができているか、常に見直しを怠らない

匠には3つの大きな特長がある。第一に開発と製造を国内で一貫して行っているため、きめ細やかでスピーディーな対応が可能だ。スピーディーといっても決して手間を省いているわけではない。長い時間をかけて製品の性能を評価し、「仕様を十分に満たしているか」「安全性が保たれているか」など、数百に及ぶ検査項目をパスしなければ販売しないという厳しさだ。

第二に、クライアントの様々な運用環境に対して、最適なシステム構築ができる提案力をもっていることだ。システムの規模に関わらず対応するほか、クライアントの「要望」を超えた「理想」を叶えるためのトータルソリューションを提供している。

そして第三には、企画からアフターサービスまでをトータルで提供する体制を整えていることだ。国内の営業所には協力会社を含め、メンテナンスを専門とする100人以上のサービスマンを配置している。高いメンテナンス力を持つサービスマンが、24時間稼働のシステムに対してオンコール対応する。故障後1時間以内の復旧を目標に、かゆい所に手が届くフォローを実現している。

いつも最適な対応ができているかどうか、常に見直しは怠らない。それは後藤社長が日頃社内のスタッフに厳しく問いかける、「時代に即応した新しい製品や技術を提供できているか」という目標管理に基づくものだ。

「既存の知識や過去の判断基準に固執することは、開発者にとって最も危険なことです。古くても素晴らしい物はありますが、今の時代にそぐわないのであれば潔く捨てるべきです。それができなければ引退します」

淡々と話す後藤社長に、常に時代の先覚者たろうとする強い決意と、開発者、経営者としての矜持が見て取れる。

「ウィズ・コロナ」の時代、ますます重要性を増すロボット

商業施設、公共施設、一般家庭のニーズにも対応

後藤社長は今、カメラによる画像認識の精度を上げて瞬時に物を感知し、制御できるロボットの開発を進めている。

「私は『人間の眼』がモノの最終形態だと思っています。人間の眼にいかにロボットを近づける

働きやすい職場づくりのためもうけられた社内バーカウンター

かを目指しています」と話す。

「ロボット事業を行う第一の目的は社会貢献ですが、汎用性の高いロボットをいかに開発していくか。またそれをいかに安く提供できるかが匠の存在意義だと思っています」

現在、匠のスタッフは約40人だが、崇高な社会的使命を果たしていくため、今後はさらにスタッフを増員していく。

「将来的な事業の在り方は、大きく言えば社会の発展と平和維持のお手伝いをしたいということ、つまり社会貢献です。今は新型コロナウィルス禍で大変な時期ですが、『密』になりやすい場所にもっとロボットを導入すれば、人同士の接触を減らすことができます。さらに開発が進めば、様々な領域での消毒や防疫をロボットに任せることができるでしょう」

近い将来、匠は海外での事業展開も視野に入れている。まずはアジアを足がかりにしていく考えだ。

「空港やショッピングモール、病院や図書館といった公共施設、さらには一般家庭まで、様々な環境で柔軟に対応できるロボットを提案していきます」と語る後藤社長の横顔に、ロボティクスの明るい未来を見る。

President Profile

後藤　元晴（ごとう・もとはる）

昭和43年生まれ。大分県宇佐市出身。

人とロボットの共生・協働社会の実現に貢献することを目的として平成27年3月、福岡市中央区に自律搬送ロボットの開発から製造、メンテナンスまでをトータルにサポートする株式会社匠（TAKUMI）を設立、社長に就任。趣味はテニス。

Corporate Information

株式会社 匠

所在地	〒810-0072　福岡市中央区長浜2-4-1　東芝福岡ビル6F TEL 092-707-3620　FAX 092-707-3621 URL　https://www.takumi-robo.com/ ◉東京営業所 〒105-0004　東京都港区新橋6-13-9　REGRARD SHIMBASHI3階 TEL 03-5422-1017　FAX 03-5422-1018 ◉大分工場 〒879-1505　大分県速見郡日出町川崎4260-1　川崎工業団地内 西棟
設立	平成27年3月
資本金	1億9510万円
従業員数	40人
事業内容	ロボット事業（搬送ロボットの企画から開発、製造、アフターメンテナンスまでトータルで提案）
企業理念	ロボットをより身近に（Robot More Familiar） 人とロボットの共生・協働社会の実現に貢献する事を目的としています。

発泡プラスチックスで快適と健康を考える「快適創造ファクトリー」

異分野・異文化連携で新たな価値を生みだすモノづくり企業

◇◇◇◇◇◇◇◇◇◇◇◇

私たちが最終的に目指すところは産学・産産の交流・連携による地域経済の活性と豊かな地域社会の実現です

◇◇◇◇◇◇◇◇◇◇◇◇

龍野コルク工業株式会社

代表取締役　片岡　孝次

兵庫県たつの市は、童謡「赤とんぼ」で知られる童謡作家・詩人の三木露風が生まれた町である。龍野城が見下ろす風情ある城下町は、国の重要伝統的建造物群保存地区に選定されている。この町は瀬戸内海に面し、市内を流れる揖保川や林田川など山水の自然にも恵まれている。温暖な気候と軟水の豊かな水資源が、淡口醤油や播州そうめん、皮革製品などの地場産業を生み出してきた。日本を代表する伝統産業が盛んなこの地で、食品容器や家電製品の梱包材としてよく見かける発泡スチロールで、医療機器、機能性ビーズクッションやエクササイズ商品、工業製品用の構造材や生体保冷コンテナ、はたまた切削加工によって生み出す一品ものオブジェ・鳥居・店頭什器・祭り屋台の飾りなど、次々に新たな価値を生み出しているのが龍野コルク工業である。龍野コルク工業のルーツは履き物屋に始まる。「創業は1930年代、大阪の日本橋に店を構えた祖父の片岡隆次は、仕入れた履物を販売することに飽き足らず、サンダルを自作し販売を始めた」と話す片岡孝次社長。つづいてサンダルのソール材に使う炭化コルクボードの製造にも手を伸ばす。昭和31年（1956年）、炭化コルクの代替品として発泡スチロール製品を量産。龍野コルク工業は、昭和33年大阪に本社を構えた日新コルクから分離独立された。片岡孝次社長は松下電器で勤めた後、現在兄の片岡洋一氏が代表を務めるグループ企業勤務を経て、平成5年（1993年）に龍野コルク工業に入社した。同13年（2001年）社長就任までに、ほぼすべての部門経験を済ませていた。社長就任後は数々の常識を打ち破る発想で業界に新風を巻き起こしてきた。

原料を輸入し、日本で初めて発泡スチロール製品の量産を開始

優れた特徴を持つ発泡スチロールを増産

社名の由来となるコルクとは、中国山地に自生するアベマキという落葉高木の樹皮を用いてつくる硬くて黒い炭化コルクのことで、戦前から戦後にかけて国内で生産されていた。現在、私たちがワインの栓などで見かけ

る地中海沿岸地域に群生するコルク樫の樹皮から作る軟らかいコルクとは異なるものである。しかし材料となるアベマキの樹皮量は、天候の影響を大きく受けるため経営は安定せず、天候に影響されない代替品が求められていた。そして、代替品として余りある優れた特性を持つ発泡スチロールがドイツで開発され、量産間もない原料を輸入し、日本で初めて発泡スチロール製品の量産を開始したのが龍野コルク工業である。創業者である祖父から、「コルクの代替品となる素材を探し出すこととの命を受け、父（片岡克己氏）は、高校・大学の先輩だった京都大学・福井謙一博士を訪ねた。ドイツで量産間もない発泡スチロール原料を得て、直ちに輸入。製品の量産化を行った」と片岡社長は貴重な『科学史』を披歴する。のちにノーベル化学賞を受賞する福井謙一博士が口にされたという、「Tの字の縦棒のように深い専門領域と、Tの字の横棒のような浅くとも幅広い知識と情報を併せ持つ〝T字型人間〟になりなさい」という思想は、今も龍野コルク工業の仕事に向き合う社員心得として受け継がれている。発泡スチロールは、石油由来のポリスチレン（PS）の小さな粒を膨らませたもの。一般的な発泡スチロールは50倍に膨らませたもので、この場合体積の98%が空気で、原料はわずか2%という省資源な素材である。断熱性・衝撃吸収性をはじめ、優れた特徴を数多く持つ。金型を用いることで品質の安定した製品を大量に生産できることから、次々に引き合いがあり、急速に用途開発が進み、生鮮食品の輸送箱、中元歳暮の贈答箱やお土産用容器など、一気に国内各地に広まっていった。龍野コルク工業は増産に次ぐ増産を重ねる。ボイラー設備を持つ企業が数多く新規参入を果たし1990年代前半まで発泡スチロール業界は活況を呈した。

社長就任後は経営の立て直しに奔走

強みは効率的な生産プロセスと設備保全の最小化

龍野コルク工業の前進、日新コルク工業の大阪本社工場は、山陽新幹線の開通により大阪から立ち退くこととなった。すでに工場があった兵庫県龍野市に工場を集約し、現、本社工場とした。松下電器産業ではプログラマーとして勤務していた片岡社長。龍野コルク工業入社から9年足らずで、品質管理、金型交換、加工作業、営業、管理業務に従事し問題・課題を把握した。平成13年（2001年）11月に社長に就任。昼夜休日なく経営の立て直しに奔走することになる。工場内は、いたる所で動線が交錯していた。また製品を倉庫に入庫するまでに、いくつものボトルネックがあり、場内物流は停滞に次ぐ停滞。設備のトラブルシューティングに人が奔走することが常態化しており、問題は山積みだった。片岡社長はまず工場内のボトルネックとなる設備や、トラブル続きの設備の改廃をはじめた。人が生き生きと、モノづくりに集中できる、環境整備を目指した。

壮大な敷地に本社を置く

「いままでのやり方に疑問を持つ。いままでの当り前を見直す。非常識だという声に立ち止まることなく改廃を断行していきました」と、陣頭指揮に当たった当時を振り返る。主力工場の一つでは、成型直後の製品移動を、総延長が200mを超える周回式のトロリーライン1本に頼っていた。このトロリーラインがひとたび停止すると、成型機の周辺は成形品であふれかえり、あげくには成型機を全停止する事態にも。トロリーラインによる製品移動には、動線の交錯、製品品質上の問題、トレーサビリティーの曖昧性など、解決できない問題や課題があると判断し、トロリーラインを捨て、台車式の製品移動に切り替えた。別の最新の設備を贅沢に投入し、無人化を目指した工場では、収束をみない設備トラブルで、設備保全担当者が常駐。無人化のため導入した自動化設備は原価を押し上げていた。さらに食品容器以外の製品の量産には不向きなため、成型機を残し、他の設備は全て撤去した。鋼管製の冷却水配管は、腐食のないステンレス製の配管に順次交換をおこなった。蒸気ボイラー設備の近くに集中減圧装置を設置し、成型工場の高所各所に設置されていた、蒸気減圧弁をすべて撤去。高所で危険をともなう保全作業を徹底して削減した。以上は一例に過ぎないが、大小さまざまな改廃を断行した結果、場内の製品の流れはスムーズになり、手待ち時間や設備のトラブルによる停止時間が減少。高所で危険をともなう保全作業も減少した。少しずつ作業に集中できる環境が整い、原価力が強みの一つとなった。直近では発泡スチロール成型品の加熱・冷却条件を見直し、誰もが必要不可欠と考えていた工程を省いた。また、龍野コルク工業の強みは原価力だけではなく、発泡スチロール製の切削模型を用いた量産立ち上げ支援プロセスなのだという。

「今ではこの支援プロセスは、お客様がトラブルなくスムーズに量産を立ち上げるための、当たり前のツールになりました」と、片岡社長は語る。新製品を立ち上げる際に、設計図面に致命的な見落しがあった場合、『金型製作→初回成形→初回成形品の形状検査→納品→お客様の評価（形状や物性）』までの、費用ロスと、時間ロスが発生する。そして時間ロスを取り戻すために、関係者全員がムリを重ねて日程の遅れを取り戻すことになる。そこで龍野コルク工業は、金型製作に着手する前に、「お客様評価を、図面データをもとにNC加工機で製作した発泡スチロール製の切削模型で済ませる」という「量産立ち上げ支援プロセス」を提案した。この支援プロセスのおかげで、時間や費用もさることながら、関係者の精神的な負担が軽減できたという。これまで当たり前だと思っていた量産までのプロセスを見直したことで、顧客満足度が向上した一例である。

ビジネスモデルは「産学連携」・「知の融合とアライアンス」

顧客満足度UPの取り組みと、新たなビジネスモデルの立ち上げ

発泡スチロール製品は、「食品輸送容器」や「各種梱包材」として、「主役」を支えるいわば「脇役」的存在。様々な「主役」の要求にこたえたこと、そして自社ブランドの新たな製品を生み出してきたことで、龍野コルク工業には多種多様な設備が保有されることとなった。優れた設備の保有を可能にしたのは「産学・産産の交流・連携」にある。全国でも注目されている『はりま産学交流会』は、阪神淡路大震災の年1995年に設立された、兵庫県南西部、播磨地域の中小のモノづくり企業の経営者が「手作り・手探り・手弁当」で運営する「産学・産産連携の会」である。現在、兵庫県立大学をはじめ7大学・1高専・1工業技術センターと交流している。

「私たちが最終的に目指すところは産学・産産の交流・連携による地域経済の活性と豊かな地域社会の実現です」と片岡社長。大学との連携では、加工機の能力を僅か数十万円の費用で、おおよそ3倍に向上した例もあるとか。

原料ビーズ（左）を右のように膨らませた
発砲スチロールは、数多くの優れた特徴をもつ

設備投資は「生産性の向上を目的とした設備」にとどまらず、「お客様の課題を解決するための加工設備」、「自ら新たな市場を切り拓くための設備」など多種多様。気づけば、『ポリエチレンやポリプロピレンはじめ様々な発泡プラスチックス成型品』、『機能性ビーズクッション』、『美術造形品や神社の鳥居』、『体を固定する医療機器』など、様々な分野に発泡プラスチックスで、新たな価値を提供する企業へと進化していた。龍野コルク工業がこのように発泡プラスチックスを用いた新たなビジネスモデルを構築できたのは、「異分野・異文化の人たちと積極的に交流した結果、ニーズや新しい技術を知り、融合・アライアンスを後押しする公的選定・助成を得たからこそ」と語る片岡社長は現在、はりま産学交流会の二代目会長を務めている。ひょうご科学技術協会や新産業創造研究機構などのモノづくりを後押しする公益財団法人、県内各市の産業局、商工会議所、地元金融機関、そして兵庫県立

大学をはじめとする近隣大学との交流、大小の展示会出展や、マスメディアへの情報提供。これらを積極的に継続的に行なってきたという。関西デザイン撰に選定された「腰用クッション　ＣｕＣｕ《キュッキュッ》」の誕生は、別件の打合わせのために、大量のクッションを携えて訪問した神戸学院大学総合リハビリテーション学部で、帰り際に「腰の悪い人たちの悩みを解決するクッションを作りたいのですが・・・」と教授に話したところ、教授は持参したクッションの中からヒョイと一つのクッションを選び出し、その場で熱血レクチャー。形状・仕様がトントン決まり、腰をサポートするお手頃価格のバックサポート、星形の腰用クッション「ＣｕＣｕ《キュッキュッ》」が誕生した。ＮＨＫテレビの情報番組に取り上げられたことで、おおよそ一カ月間、日常業務が止まるほどの問い合わせが全国からあったとのこと。星形が特徴的なカラフルな「腰用クッション　ＣｕＣｕ《キュッキュッ》」は『関西デザイン撰』に選定、『ひょうごNo.1ものづくり大賞』も受賞した。

新ブランド「ａｍｉ」も、異業種企業との提携によって生み出された

モットーは凡事徹底。真面目にコツコツ。成功するまで止めないこと

今年度、龍野コルク工業が立上げた新ブランド「ａｍｉ《アミ》」シリーズは、ペットボトルを再生した糸を編み上げた側地を使ったビーズクッション。腰の負担を軽減するクッション「ＯＵＧＩ（扇）」、体温を漏らさず温まる足首ウォーマー「ＣＡＨＡＮ（脚絆）」を立ち上げた。ニットの立体的な編み目模様が際立つ。機能性に見た目のおしゃれ感が足されて、快適空間を創造する新アイテムとなった。この「ａｍｉ《アミ》」シリーズもまた、和歌山県のシームレス横編機製造企業との提携により生み出されたアライアンス商品だ。次々にイノベーションを生み出す取り組みは、経済産業省の「地域未来牽引企業」の選定や、兵庫県の「はばたくオンリーワン企業」選定として、

高く評価を得ている。「播磨は、ものづくり企業の業種のすそ野が広い地域。キラリと光るアイディアや技術をもつ企業がたくさん存在します。こうした地域環境がわが社の強みを支えています」と力強く語る。片岡社長は大阪府豊中市で高校卒業までを過ごした。「もともと会社を継ぐ気はさらさらありませんでした。小学校の頃からプラモデルばかり作る少年で、時にはLEDを点滅させる回路を組むなどして遊んだりしていました。中学生のときはカメラ小僧となり親友と伊丹空港に入り浸った」「潰しがききそう」という理由で福井大学情報工学科に進学した。卒業後に入社した松下電器産業では、エアコン用制御プログラムの開発に従事した。配属部署で最初に言われた一言が今日の片岡社長の考え方の根幹をなしているという。プログラマーとして配属されたにも関わらず『プログラムをするな』。量産実績のあるプログラムを徹底的に流用し、仕様変更箇所のみプログラムをせよというもの。変更を最小化し、成果を最大化することこそ肝要だというのである。無駄を省き合理化を進める、独自製品を開発し販売するための仕組みにもこの考えは生かされている。

「社長就任後に定めた社是は凡事徹底。当たり前のことを当たり前にこなすこと。そして当たり前のレベルをコツコツと上げていくこと」

龍野コルク工業のビジネスモデルは〝産学・産産連携、一から作るな、そしてコツコツとレベルを上げていくこと〟である。龍野コルクの経営理念のなかに「人をつくる　ものをつくる　仕組みをつくる」とある。片岡社長が身をもって体現し、実践を重ねる中で生み出された教訓の一つである。

将来を見据えた人材育成に余念がない

挑戦を続ける。堅実経営を貫く

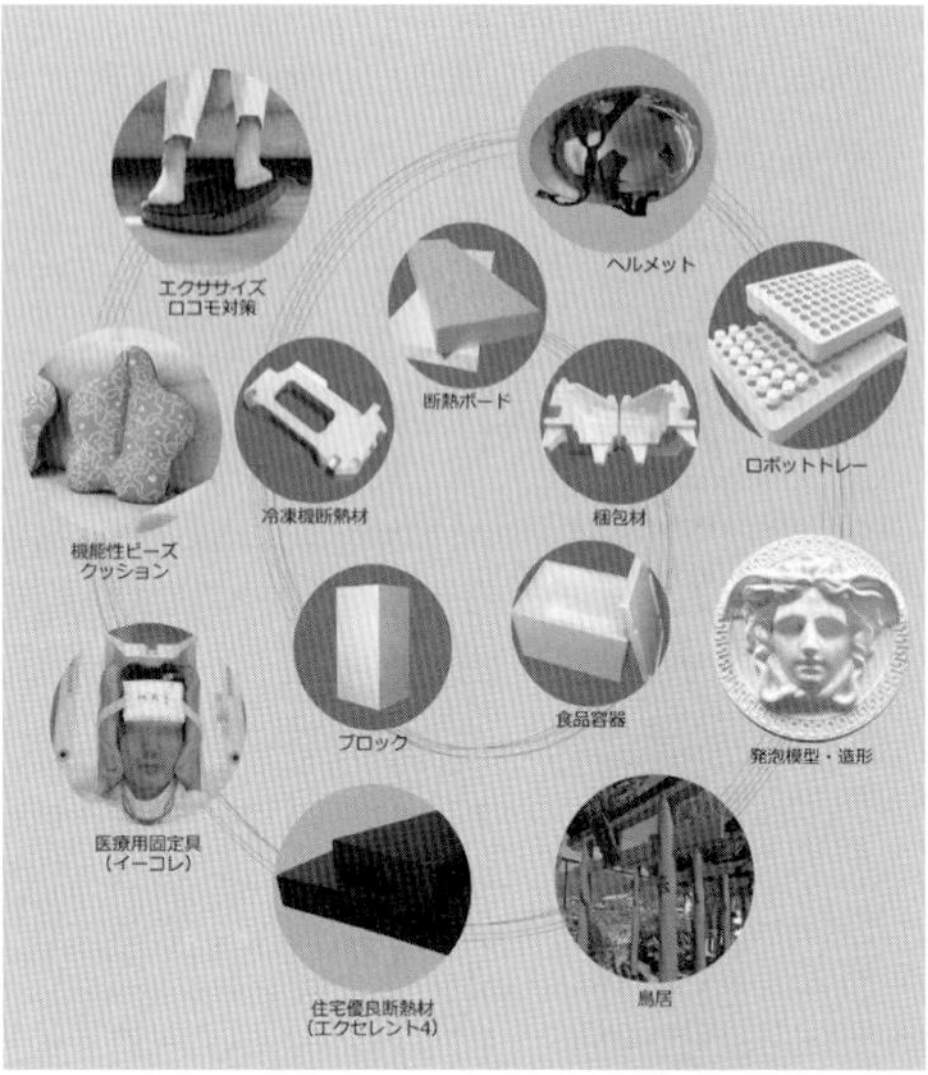

発泡プラスチックスで、様々な分野に新たな価値を提供する

龍野コルク工業は、龍野市（現、たつの市）で生誕した三木露風が詠んだ「赤とんぼ」の原風景を取り戻すための環境活動に参加、支援している。他にも小児がんのこどもたちへの支援や、ユースの育成と選手引退後の就職支援に力を入れる地元のなでしこサッカークラブへの支援など、社会貢献にも積極的に取り組んでいる。

「地域に根差し、社会に貢献するという企業像に少しずつですが近づいています」と語る片岡社長は、人材育成にも余念がない。「原価力を高めること、お客様対応力を高めること、高付加価値製品を生み出すこと、お客様の課題を見つけ出すことも、すべては〝人〟が行うことです。堅実強固な経営基盤を培うために、人材育成は欠かせない」と話す。事業の成長の歩みを緩めることなく挑戦を続け、サスティナブルな堅実経営を掲げる。そのうえで、「急成長だけはしないでおこう。急成長した企業の多くは急降下する」と社員に釘をさす。新型コロナウイルス感染者がなかなか減少をみない今、新たな技術・製品情報を求めて、ネット検索が増えている。「ホームページのトップページにワクワクする工夫を！」と、ここでも顧客目線でのアプローチに余念がない。異分野・異文化との融合・アライアンスをもとに、発泡プラスチックスを用いた新たな価値の提供を続ける企業に向かって片岡社長の取り組みはこれからも続く。

President Profile

片岡　孝次（かたおか・こうじ）

昭和 37 年 1 月生まれ。大阪府出身。
福井大学工学部卒業後、松下電器産業入社。エアコン制御用プログラムの開発に従事。グループ企業の日新化成工業管理部門勤務を経て、平成 5 年 4 月 龍野コルク工業入社。同 13 年 11 月社長就任。
小学生のときはプラモデルづくりにお年玉を全額投じるほど没頭するなど、片岡社長のものづくりに対する情熱は、小さな頃から培われてきた。
座右の銘は「凡事徹底。成功するまで続けること」

Corporate Information

龍野コルク工業株式会社

所在地	〒 679-4121 兵庫県たつの市龍野町島田 321 TEL　0791-63-1301　　FAX　0791-63-3106 URL　https://www.tatsuno-cork.co.jp/
創業	昭和 33 年 11 月
資本金	7,500 万円
従業員数	66 人
事業内容	・ビーズ法発泡プラスチックス製品の設計・製造販売 ・機能性ビーズクッション【Cubeads/ami】の開発・製造販売 ・医療機器の開発・製造販売 ・その他化成品、包装関連資材の販売
社是	『凡事徹底』
経営方針	・真似の出来ない商品を創る ・資源を効率よく使う ・まじめに販売努力する ・人を育む労務管理を行う

今年で創業50周年！
「顧客第一」を貫く老舗シャッター会社

伝統と革新を両輪に顧客に寄り添う
地域密着型企業

シャッターの修理は時間との勝負です。お客様を待たせることなく速やかに直さなければなりません

株式会社 中央シャッター

代表取締役社長　市川　慎次郎

世界中で猛威を振るう新型コロナウイルスは、観光、運輸、飲食、サービス産業を中心とした産業界に大きな打撃を与え、日本経済はリーマンショックを凌駕する深刻な景気の落ち込みに苦しんでいる。

政府は各種の給付金や助成金などの支援・救済策を打ち出し、かつてない規模の財政出動を敢行して経済立て直しの取り組みに余念がない。新型コロナ禍のただ中にあって、日本経済立ち直りの大きな鍵を握るのは、国内企業の99％、国内雇用の約70％を占める中小企業の動向だ。

「全国の中小企業が元気になれば、日本も元気になる。私も微力ながら日本経済立ち直りに貢献できればと考えています」

力強い口調で話すのは、今年創業50周年を迎えた株式会社中央シャッターの市川慎次郎社長だ。新型コロナ禍においても業績は堅調に推移し、経営者としての力量を遺憾なく発揮している。

創業者であり、父でもある市川文胤氏から平成24年に経営をバトンタッチした市川社長は、「先代の想いを胸に刻み、これまで培ってきたノウハウをしっかり受け継いで、変化を恐れず経営の舵取りを行っていきます」と、〝ウイズコロナ〟時代を生き抜く決意を新たにしている。

泥臭く、人間臭い、人情味のある会社

創業以来変わらない〝人に喜んでもらう商売〟のスタンス

中央シャッターの創業は昭和45年で、シャッターの塗装を行う会社としてスタートした。その後、顧客からのニーズに応える形でシャッターの修理、製造を行うメーカーへシフトしていった。

製造から修繕・メンテナンスまで一手に担う
上下シャッター

「昔も今も変わらない中央シャッターの特徴は、泥臭く、人間臭い、人情味のある会社だということです。とかく人が嫌がる仕事を喜んでさせてもらい、お客様の要望や困りごとに全力で応える。先代の時代から今までぶれずに一貫した姿勢を貫いています」

中央シャッターが創業したころの大晦日に、浅草の呉服屋からシャッター修理の依頼が舞い込む出来事があった。すぐに駆け付けて修理を行ったところ、店の女将から泣いて喜ばれたという。こうした〝人に喜んでもらう商売〟の形は、先代の文胤氏が一貫して実践してきたスタイルだ。大晦日のシャッター修理をきっかけに、中央シャッターは12月30日に全社員でお餅つき大会を行い、全社員待機して営業し、年末に困ったお客にも対応できるようにしたという。

「お客さま第一」のスタンスを貫く中央シャッターは、昭和52年に顧客からの要望を受けてテント関連の事業を開始し、続いて看板事業も始めた。市川代表は、「事業領域を広げていったため、色んな分野の職人さんが当社に集まってきたので、『家を一軒立ててくれ』というような声もかかりました」と当時を懐かしむ。現在の中央シャッターは、上下シャッター、テント、看板の修理・営繕、製造販売・施工メンテナンスを手掛ける。昔も今も地元密着というスタンスで、営業エリアは東京、神奈川、埼玉、千葉の関東圏だ。新たにモノを製造するというより、既存のシャッターの修理・メンテナンスが中心となっている。それだけに、連絡があればすぐに駆け付けて対応できるエリアに絞っているとのことだ。

いつ何時でも「お客様からのSOS」には迅速に対応

「人喜んでこそ商売なり」の創業精神を実践

店舗でよく見かける上下シャッターの修理・メンテナンスを一手に手掛ける中央シャッターは、関東圏にある店舗、商店街の八百屋や肉屋、魚屋などのお店のシャッターを長年にわたって支えてきた。

「シャッターが壊れるとお店の営業ができなくなります。シャッターの修理は時間との勝負です。修理の依頼があればたちどころに駆けつけて、速やかに直さなければなりません」

このため市川社長は一風変わった取り組みを行っている。中央シャッターの本社工場にあるシャッターは全てモーターの種類が異なる。これは、お客様の店のシャッターが壊れてモーターの交換が必要な時、すぐに対応できるために敢えて色んな種類のモーターを取り付けているという。新たにモーターを交換するとなれば、取り寄せから取り付けまで早くても2日程度かかるという。お店にすれば2日間営業ができなくなってしまう。

「そこで新品のモーターを取り付けるまでのつなぎとして、当社の工場にあるシャッターのモーターを使っていただくことにしています」と、まさにかゆいところに手の届くサービスといえよう。

中央シャッターのキャッチコピーに『重いシャッター、すぐ電話』や、『新しくするのは、もう古い！』というのがある。「これはシャッターが朝開かない、夜閉まらないといった緊急工事の対応や、シャッターやテントに不具合が生じても、すぐに新しいものにするのではなく、使える所は使い、どうしてもという部分だけ修理・交換するという営業スタイルを指しています」と市川社長。

顧客のSOSにすぐに応えるため、朝晩や年末でも即座に駆け付けて修理する。このため、『シャッターの不具合を思ったより安く修理してくれた』、『年末でもすぐに修理に来てくれて助かった』、『シャッターの見積もりをとったところ、中央シャッターさんが一番安かった』と、感謝の声が多く寄せられている。

「人喜んでこそ商売なり－という先代が作った創業以来の精神をこれからも大切にしていきたい」と熱く語る。

9億円の負債を抱え苦境のただ中から見事に脱却

地道な営業努力と経費削減で経営再建を成し遂げる

昭和45年の創業以来、中央シャッターは、上下シャッターに加えてテントや看板の製造・修理、グループとして上吊式横引きシャッター事業も手掛けている。順風満帆の歩みと思いきや、先代の現役時代に9億円の負債を抱えて苦境に立った時期もあったという。総務部長として社内業務に従事していた市川社長は当時の様子を次のように振り返る。「9億という多額の借入金は、すべて先代の人望・信頼で借りていたものでした。いずれこの会社を任される私としては、先代が倒れてしまったら会社が一気に立ちいかなくなってしまうことに大きな不安を感じていました」

市川社長は、先代が元気なうちに全ての借入金を返済してしまおうと計画し、経理部門に入って社員統率。工場内の節電や改修が必要な工場の部品などをスクラップから製造するなど、徹底した経費削減を行い、6年間で7億円を返済することに成功した。その後も返済を続けて、今では無借金経営になっている。

「この経営手法が注目されてメディアから取材依頼を頂くことも多いのですが、経営再建への取り組みは非常にシンプルなものでした。決めたら出来るまでやり続ける。牛歩でも前へ進める。これを少しずつ積み重ねて借金を減らしていっただけなんです」

さらに市川社長は、「借金を返すことができたのは、お客様や取引先、そして社員の皆さん、会社に関わる全ての人たちの支えのおかげです。周りの方々への感謝の気持ちは絶対に忘れてはなりません」と噛みしめるように語る。

今、力を入れて取り組んでいる「社会への恩返し」

東京都足立区へ170台のアクリルパーテーションを寄贈

経営が立ち直った市川社長率いる中央シャッターはグループ一体となってエンジン全開で走り続け、その後は売り上げをも順調に伸ばして安定経営を続けている。

「会社の経営基盤は日を追って堅実なものになってきました。今私が力を入れて取り組んでいるテーマは社会への恩返しです。会社が困難な状況から立ち直ったのは周りの方々のおかげによるものです。従って今度は自分たちが恩返しをする番だという想いが強くあります」

市川社長が恩返しとして今、取り組んでいるテーマは大きく3つだ。一つは本社工場のある東

足立区へのアクリルパーテーションの寄贈は
各メディアで取り上げられるなど話題に

京都足立区に新型コロナウィルス対策用「アクリルパーテーション」の寄贈だ。

「たまたま地元の区役所に行った折、新型コロナ対策としてのアクリルパーテーションがかなり不足していることを知りました。そこで当社が長年行ってきた看板制作のノウハウを活かして、必要なサイズに合わせたオーダーメイドのアクリルパーテーションを制作しました」

そして市川社長は足立区役所にアクリルパーテーションを寄贈したが、ちょうど100台を寄贈した際には、近藤やよい足立区長から贈呈式を行ってもらい、その様子はＹａｈｏｏニュースにも取り上げられるなど、各メディアで紹介された。最終的に足立区役所には計170台が寄贈された。

その後、石川県にも100台、熊本市にも100台を寄贈した。石川県は市川社長が観光特使を務めていた縁での寄贈となった。また熊本市は市川社長が所属しているライオンズクラブを通して依頼が寄せられ、これに応えたものだ。

「当社はそんなに事業規模が大きくないので全国各行政にというわけにはいきませんが、自分たちができる範囲で今後も積極的に社会に貢献していきたいと考えています」

今は学校用（生徒用）のアクリルパーテーションやPCR検査場の試作にも取り組んでいるという。

外国人やLGBT、児童養護施設出身者を積極的に雇用

中小経営者の事業意欲に火をつけ、日本経済を活性化

恩返しとして取り組んでいる二つ目のテーマは、外国人やLGBTの人、児童養護施設出身者などの人材を積極的に雇用することだ。

「外国人労働者の多くは、日本で比較的安い給料で3K（きつい、きたない、危険）の仕事を担うケースが多いです。また孤児院や児童養護施設出身の人はなかなか正規雇用への道が厳しい。こうした人材を当社で受け入れ、ジャパンドリームを掴んで貰おうと企画しました」

現在、ベトナムや中国籍の人材を受け入れており、国籍や性別、境遇など一切関係なく、完全実力主義で給料面などの待遇を決めているという。「採用できる人数に限界はありますが、できる限り活躍できる場を用意して、ぜひ当社でチャンスを掴んで欲しいですね」

そして3つ目は全国をまたにかけた講演・セミナー活動だ。主なテーマは借金9億からの脱却、事業承継、多様な人材活用など、自身が経験してきた経営ノウハウを余すことなく発信する。

「私の講演を聞いて何か前向きに行動を起こすきっかけになればと思います。特に中小の経営者の方々に問題提起になればとの思いでお話をさせて頂いています」と市川社長。

中央シャッターが手掛けるテント看板

中小企業は経営者次第というのが市川社長の持論だ。「中小の経営者のアグレッシブな活動に火をつけることで、経済が活性化され、日本が明るい方向へ向かっていくと思います。新型コロナウィルスの影響で停滞し、意気消沈している日本に活力をみなぎらせて上昇させるためにも、元気になる情報発信に努めて行きたい」と意欲満面だ。チャレンジ精神旺盛な市川社長だが、一方で、「創業者の想いや遺志を絶やさず引き継いでいかなければ」という強い想いを抱く。

「父である創業者は何もない所から立ち上げた、いわば0から1を作った凄い人。そんな父の叶えられなかった悲願を達成させてあげることも私の大きな使命です」

その悲願というのが、『NHKから取材に来てもらう』ということだったそうだ。「NHKが取材をしたくなるような魅力ある企業を目指していたと思います」

こう語る市川社長のもとに昨年NHKの『首都圏ネットワーク』から取材の申し込みがあり、亡き父の悲願は達成された。そしてもう一つの悲願は銀行借入ゼロの無借金経営を達成することだ。

「これはまだ未達ですが、必ず実現して先代の墓前に報告したい」と静かな闘志を燃やす市川社長。伝統と革新を両輪に未踏の社長道を突き進む。

President Profile

市川　慎次郎（いちかわ・しんじろう）

昭和 51 年生まれ。国士舘高校卒業後、中国清華大学へ留学。北京語言文化大学漢語学部経済貿易学科卒業後、株式会社横引シャッター（中央グループ）に入社。
創業社長である父親の運転手兼秘書として、直接創業者精神を叩きこまれる。その後、総務部部長・経理部副部長を兼務。
平成 23 年 12 月に創業社長が急逝し、急遽代表取締役就任。現在に至る。中央シャッターは令和 2 年で創業 50 周年を迎えた。

Corporate Information

株式会社 中央シャッター

1970年創業　(株)中央シャッター

所在地	〒 120-0005　東京都足立区綾瀬 6-31-5 TEL　03-3605-0700　FAX　03-3629-1110 URL　https://www.chuo-shutter.com/
設立	昭和 49 年 1 月
資本金	2,800 万円
従業員数	34 名（グループ全体）
事業内容	重・軽量シャッターの製造販売、重・軽量シャッターの修理及び塗装工事、テントの製造・取付及び修理、建築工事の設計・監理及び請負、造園・緑化工事の企画、設計、施工　他
中央シャッターが選ばれる5つの理由	・どんなメーカーのシャッターでも修理対応します！ ・最も低価格ですむ修理方法をご提案します！ ・スピードを最優先した対応をいたします！ ・どんなシャッターでも電動に改造いたします！ ・朝、開かない、夜、閉まらない、などの緊急工事も対応します！

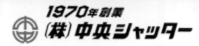

上吊式横引きシャッターのパイオニアとして業界を牽引

シャッターの新天地を拓くプロフェッショナル集団

先代社長の残した技術を後世に引き継ぎ、かつ改良を加えて顧客満足度を追求してまいります

株式会社 横引シャッター

代表取締役社長　市川　慎次郎

店舗やガレージで日常よく見かけるシャッター。お店を開ける時閉める時、車を出すとき入れる時、ガラガラと音を立ててシャッターを開閉する。この場合多くの人が上下の開閉をイメージするが、左右の方向つまり横に引いて開閉する横引きシャッターもある。

家のガレージやショッピングモールのテナント、駅構内の売店など、横引き式のシャッターが活躍しているシーンは意外と多い。

今ではどこでも当たり前のように存在する横引きシャッターだが、今からおよそ30年前に開発し、日本で特許を取得して製品化したのが東京都足立区綾瀬に本社を構える株式会社横引シャッターである。

もともと上下シャッターの修繕・メンテナンスを手掛けていた株式会社中央シャッターが横引きシャッターを生み出したが、そのきっかけはお客さんからのクレームからだったという。

「左右の方向に開閉するシャッターは当時から存在していましたが、下に戸車のある下車式という形式のもので、下部のレールに砂やゴミが挟まって故障が多かった。あまりにも使い勝手が悪く不具合が多いので、ユーザーからのクレームが後を絶たない問題の多い製品でした」と語るのは株式会社横引シャッターの市川慎次郎社長だ。

日本で初めて〝上吊式横引きシャッター〟を開発

相次いでオリジナルのヒット商品を生み出す

そこで市川社長の父であり、当時中央シャッターの社長だった市川文胤氏が、「もっとシンプル

デザイン性を高めた横引シャッターオリジナルの
フォールディングゲート

な構造で、故障の少なく動きが軽便なものをつくろう！」と、試行錯誤の末に誕生したのが『上吊式横引きシャッター』だった。

「この上吊式横引きシャッターは、従来の問題点を改善した横引きシャッターで、故障やトラブルが少なくなっただけではなく、開閉が軽くスムーズに行えるというメリットも生み出しました」と市川社長は説明する。

先代社長の文胤氏は開発後ただちに特許を取得し、昭和61年に株式会社横引シャッターを設立した。上吊式横引きシャッターを全国に普及させようと営業活動を始めた。

市川社長は、「当初は中々受け入れて貰えなかった」というが、全国各地の展示会に精力的に出店したり、ユーザーの使い勝手、多様なニーズに応えたオーダーメイドの製品開発やホームページの作成など、「地道な営業活動が少しずつ実を結び始めて、年々受注が増えていきました」と振り返る。

当時横引シャッターは大手メーカーの下請け的な仕事が多かったが、各種特殊シャッターの開発・販売を契機として、直接ユーザーから注文を受ける元請メーカーへと変貌を遂げていった。

今では横引シャッターオリジナル商品の『横引きシャッター』は、デパートや集合住宅などでよく見られるようになった。また、あえて店内を透かして見せることで店舗そのものの意匠性、デザイン性を高めた『フォールディングゲート』など、横引シャッターオリジナルのヒット製品を次々生み出してきた。

父・文胤氏の創業の遺志を継いで「親父の証明」を出版

〝慎次郎カラー〟で社内に新風を巻き起こす

「日本のシャッター業界は数社の大手がほぼ市場を独占している状態にあります。その中で当社のような中小メーカーが大手に負けず渡り合えてきたのは、創業者である父が開発した〝上吊式横引きシャッター〟の技術があったおかげです。私は父の残した技術を後世に引き継ぎ、かつ改良を加えて顧客満足度を追求していかなければならないと思っています」

父親である先代社長へのリスペクトと感謝を片時も忘れない市川社長だが、学業を終えて横引きシャッターに入社した当初は文胤氏の運転手兼秘書を務め、直接創業者精神を叩きこまれたという。

その後、総務部長・経理副部長を兼務するなど会社の中枢的な役割を担っていく。そんな市川社長に転機が訪れたのは平成23年の父・文胤氏の急逝だった。

市川社長は、「すでに先代社長から事業承継の手ほどきを受けていましたし、会社を引き継ぐ準備をしていました。しかし何分急だったので、心の準備ができないままの社長就任でした」と振り返る。

就任から約8年。ベテラン、中堅、新人ら新旧の社員の協力、時にぶつかり合いながら、巨額の負債の返済や新たな商品開発、販路の開拓など、経営者として日々多事多難に奔走する毎日だった。

「大変な毎日でしたが、今振り返れば何とかステップバイステップでこられたように思います。社内外の周りの人たちの支えのおかげであることはいうまでもありません」としみじみ語る。

そんな市川社長が経営者として大切にしてきたことがある。それは創業者である父の遺志を継ぐことと、新たな風を社内に吹かせることの2つを両立することだ。

まず先代に対するリスペクトでは、創業者である先代社長のことを知らない若い社員も増えてきたことから、市川社長は『先代の証明』というテーマを掲げ、「人生をかけて今の会社を作ってくれた先代へのリスペクトを常に忘れずいようと社員に呼びかけています」という。そして市川社長は『親父の証明』という書籍を出版し、この中で先代・文胤氏の創業時からの功績を余すことなく綴って周知を図っている。もう一つの社内への新風では、市川社長が考える方針、いわゆる〝慎次郎カラー〟を打ち出していくことだ。

「社内の社員に対して、仕事に対する誇りとプライド、自分で考える力、自立心を持って貰うのが目的です」という市川社長は、そのために『社長戦力外通告』、『山賊から武士へ』、『古き良き時代の復活』といった方針を打ち出した。

社内業務はスタッフに一任する〝社長戦力外通告〟

社長は社外で新たな仕事を開拓する外交に専念

「先代は何でも出来るスーパーマンのような人でした。従って社員は先代の敷いたレールの上を走るだけです。与えられた仕事だけを機械のようにこなすだけだったのです」

これからはこれではダメだと感じた市川社長が掲げたのが『社長戦力外通告』だった。「文字通り全社員で社長を会社から追い出せという意味です。私が事故や病気など何らかの理由で突然仕事ができなくなると、会社の業務が全てストップしてしまう。これは会社にとって相当なリスクです。私がいなくても社内の業務がとどこおりなく回っていく環境を作り、社長を会社から追い出してしまおうと。そのためにはみんなが自分で考え行動できるだけの知識や技術を身につけようというものです」

社内から追い出される市川社長はもちろん何もしないわけではない。「社長の役割はいわば外交です。社外にでて人脈やコネクションを作り、新たな仕事を生み出すための社外的な仕事が私の最大の役割だと考えます」

社内では社員全員で社長の報酬カットという大きなマイナス1をつくり、社長は社外にでて新たな仕事という大きなプラス1をつくる。『社長戦力外通告』の実現は、会社にとって大きな利益が生み出されるというわけだ。

駅売店の横引きシャッター

『山賊から武士へ』、『古き良き時代の復活』、『工場見える化計画』

会社の発展・成長に向けどしどし新たなチャレンジ

2つ目の方針である『山賊から武士へ』について市川社長は、「〝衣食足りて礼節を知る〟というように、身なりや挨拶、仕事の準備、段取りや片付けなど、細かい部分を見直して全てを他人軸で考えて行動しようというものです。腕はあるけど品がない山賊から、腕も品もある人が憧れるような武士のような存在をみんなで目指そうというものです」と語る。

そして3つ目が『古き良き時代の復活』である。これは職人が自らのプライドをもって働いていた過去の価値観を取り戻そうと掲げたテーマだ。

「昔は社内で職人さんたちが自分たちの腕を競い合っていました。今は社員同士が競争するというより協調が強くなっている。協調も大事ですが、皆で切磋琢磨して負けん気の強さも出して欲しい。それが良い仕事にも繋がっていきます」

市川社長をはじめとした社員全員の意識を変革しようという取り組みに加え、社内の環境を変えようという取り組みもある。それが、『工場見える化計画』だ。

「一般に工場といえば製造現場特有の何となく汚く、薄暗いイメージがありますが、こうしたイメージを一新して、お洒落できれいな環境にしたいと企画しました」

市川社長の言うように、現在横引シャッターを含めたグループ全体の工場の機械は、黒を基調にして赤いワンポイントが入ったデザインに統一されている。工場内の壁はシルバー一色の斬新な空間となっている。「蛍光灯も全部LEDなので、とても明るい環境になっています」

社員の意識変革、社内環境の改革。社長就任から8年の間に、市川社長は多くの変化をもたらしてきた。

「全てはお客様に喜んでもらえる仕事をするためです。創業者から会社を継いだ2代目社長として、周りから『先代の時代の方が良かった』といわれたくはありません。これからも現状に満足せず、会社の発展・成長のために新たなことにどしどしチャレンジしていきたい」と熱く語る。

全社一丸となって新型コロナウィルス対策を実施

アフターコロナも全スタッフが一枚岩となって突き進む

2020年は世界中に広がった新型コロナウイルスの影響で、日本経済は大きな打撃を受け、大手・中小含めた全ての企業が難しい対応を迫られることになった。市川社長が率いる横引シャッター(中央グループ)ももちろん例外ではない。「当社は幸い大きな影響は受けていませんが、新型コロナ対策は徹底して行っています」と市川社長。

まず全社員にヒヤリングを行い、希望者に対して在宅勤務や補償付き休業を実施。さらに営業時間短縮や時差出勤や交代出勤など超変形フレックス制を導入した。

「全社員と家族の分も含めたマスクとアルコール消毒液、次亜塩素酸スプレーを配布し、それらの使用法も徹底しました」

新型コロナ対策の経費は大きなものになったが、「休業要請の対象にはなりませんでした。だからといって自分たちには関係ないというのではいけません。これも社会への貢献の一環だと思って、

明確な企業理念を掲げて邁進する横引シャッター

新型コロナ感染対策は惜しみなく行っていきます」と市川社長。新型コロナウィルス感染が騒がれだした2~3月の時期、市川社長は極度のストレスから帯状疱疹を発症するなど体調不良に見舞われたという。「当時私は会社にどんな影響が出るのだろうか、社員の生活をきちんと支えてあげられるだろうかなど、色んなことが頭の中を駆け巡りました」と述懐する。

市川社長は常に情報収集を怠らず、先を見通し、あらゆる可能性を想定して行動を起こす。新型コロナウィルスで社会生活の様式が変化していく中でも常に頭をフル回転させ、会社の経営を守ろうと必死に動いた。

「今後もどのような社会になっていくか、将来が見通しづらい部分もありますが、新型コロナ対策と経済活動の両立は何としても実現していかなければならないと思います」

そして、「今年の上半期はコロナ対策に追われて終わりました」と嘆く市川社長だが、その表情に悲壮感は全くない。アフターコロナがどのような世の中になるのかは全くわからないが、社員全員が一枚岩となって、創業者の意志を全員で継いでいく横引シャッター、そして中央グループは今後も変化を恐れずに未来へ突き進んでいく。

President Profile

市川　慎次郎（いちかわ・しんじろう）

昭和 51 年生まれ。国士舘高校卒業後、中国清華大学へ留学。北京語言文化大学漢語学部経済貿易学科卒業後、株式会社横引シャッター（中央グループ）に入社。
創業社長である父親の運転手兼秘書として、直接創業者精神を叩きこまれる。その後、総務部部長・経理部副部長を兼務。
平成 23 年 12 月に創業社長が急逝し、急遽代表取締役就任。現在に至る。中央シャッターは令和 2 年で創業 50 周年を迎えた。

Corporate Information

株式会社 横引シャッター（中央グループ）

所在地	〒 120-0005　東京都足立区綾瀬 6-31-5 TEL　03-3628-4500　FAX　03-3628-1188 URL　https://www.yokobiki-shutter.co.jp/
設立	昭和 61 年 4 月
資本金	1000 万円
従業員数	34 名（グループ全体）
事業内容	オーダーメイド横引シャッターの製造販売
横引シャッター 5 つのメリット	・中間に柱を立てずに、1 枚のシャッターで 50 m以上でも可能 ・有効スペースを目一杯利用できる ・手動でもラクに開閉。高齢化社会にも対応出来るシャッター ・曲線スペースにもシャッターが使え、湾曲している部分やジグザグにも自由自在 ・他社が出来ない、世の中にないオーダーメイドのシャッターを製造できる

緊急地震速報機器で国内トップシェアを誇る総合防災商社

顧客の立場に立った提案力と高い志で災害大国日本の人命を守りぬくオンリーワン企業

謙虚な姿勢を持つことが事業を行う上で一番大切なことだと思います

株式会社 ニシハタシステム

代表取締役　西畑　恭二

四季折々の豊かな自然に恵まれた日本は、常に自然災害の脅威に晒される災害大国でもある。近年では阪神淡路大震災をはじめ、東日本大震災、熊本大震災など数多くの巨大地震に見まわれ、そのたびに尊い人命を失ってきた。

今後30年の間に確実に到来すると予測されている南海トラフ大地震は、関東から九州まで30都道府県の広範囲にわたり甚大な被害をもたらすことが見込まれており、命を守る防災への備えは国民の喫緊の課題となっている。

そのような災害リスクの高まりが急を要する問題となるなか、緊急地震速報機器やIP無線機など防災機器の販売や導入を中心に全国規模で事業を展開し、急成長を遂げている企業がある。大阪府泉佐野市に本社を構える株式会社ニシハタシステムだ。

設立わずか10数年の間に、緊急地震速報機器の国内シェアがNo.1になるなど、目覚ましい躍進を遂げて注目を集めている。

数ある防災機器販売会社の中で、なぜニシハタシステムの緊急地震速報機器は、驚異的な勢いで全国に普及したのか。急成長を続ける経営の秘密はどこにあるのか。

その鍵となるものは代表者である西畑恭二社長の経営哲学にあった。

大手メーカーの営業マン時代に培われた原点

営業は「お願い」ではなく、顧客目線にたった「提案力」

大阪生まれの西畑社長は大学を卒業後、大手コピーメーカーに営業職として就職。期待に胸を膨らませて入社したが、3ケ月間は契約ゼロの毎日を過ごした。なんとか現状を打破しようと努力を重ねる日々。そのようななかで発想を大きく変えていったという。

「当初は営業という仕事がまったくわからず、片っ端から名刺を配り続けるような方法をとっていました。そしてある日ふと、自分はお客様の目線で考えているだろうか、お客様の求めていることを提供できているだろうかと考えたんです」と西畑社長は当時を振り返る。

その時気づいたのは、「営業とは買ってくださいとお願いして物を売るのではなく、顧客目線に立って考える提案力が何より大切だ」ということだった。

「お客様の困りごとや問題を解決する提案を真摯に行えばお客様に喜ばれ、購入に繋がっていく。それが真の営業のやり方だと感じました」

その方法に転換していってからは、成績も好転。新人部門で全国1位に踊りでるまでになった。西畑社長はこの方法を「問題解決型セールス」と呼んで、今も同社の営業方針の要として位置づけている。そして西畑社長のこの精神は全社員に引き継がれ、今日のニシハタシステムの礎となっている。

見栄を捨てて、ガレージの一室から創業をスタート

運命を変えた緊急地震速報機器との出会い

営業職で好成績を収めた西畑社長は、その後技術職も経験。そこでも真摯な仕事ぶりが高く評価され、若くしてマネージャーに抜擢されるなど活躍を続けていたが、さらなるステージを目指して

独立を決意する。

平成16年、起業するために和歌山市内にカードキー付きの事務所を借りたが実際はガレージの一室からスタートした。

その理由を西畑社長は次のように語る。

「見栄をはるのをやめようと思ったんです。大手メーカーに勤めていた時は成績も良く、最年少でマネージャーまでのぼりつめましたが、もうその時の自分ではない。ガレージの事務所だと来客があった時に、正直かっこ悪いと思ったりするじゃないですか。そういうかっこ悪いと思う自分を捨てようと思ったんです」

文字どおり何もない裸一貫からのスタートで始まった会社の創設。最初の事業は光回線の代理店を手がけた。今後の事業の展開を模索している最中に、「光回線インターネット」というワードで検索すると、ある言葉が目の前に飛び込んできた。

地震発生をいち早く伝える
緊急地震速報器

「緊急地震速報機器の代理店募集」

詳しく調べてみると、緊急地震速報というシステムはまだ世にほとんど知られていない状態で市場が一から作られる将来性があり、そして何より多くの災害に見まわれる日本においては今後必ず人々の役にたつものになると確信した。

「これだ！」確かな感覚を感じた西畑社長はすぐさま代理店契約を申し込んだ。

緊急地震速報機器国内シェアNo.1に躍進

成功の鍵は「考え抜く力」で生みだした　大手飲料メーカーとのタイアップ

「やるからには国内でNo.1になる」と心に誓った西畑社長の次なる目標は、いかにして緊急地震速報機器を普及させるかということだった。

そこで頭をよぎったのは携帯電話が端末機の無料によって爆発的に普及したことだった。

「緊急地震速報機器もなんとか無料で導入できないものか」

本気で考え抜いて100のアイディアを生みだせば、そのうちの1つは本物のアイディアになる。自らの経験からそのような信念を持つ西畑社長は来る日も来る日もその想いを抱き続けて、考えをめぐらせた。そしてついに脳裏に閃いたのは、大手飲料メーカーが実施している災害救援ベンダーといわれる活動だった。

大手飲料メーカーはCSR活動の一環として、地震などの災害が発生した時に無料で飲料を提供する自動販売機の設置活動を行っていた。

「こうした活動を行う企業なら、緊急地震速報機器の導入に協賛して費用を出してくれるかもしれない」そう考えた西畑社長は、その実施プランを次のように考案した。

工場や物流センターなどで働く従業員が自動販売機で購入した飲料の売りあげの一部を、緊急地震速報機器導入という形で還元してもらい、それによって機器を設置する企業は、端末費用、工事代金、配信料金が全て無料になる。

協賛する飲料メーカーも厳しいシェア競争がある市場で、自社製品を入れ替えされることなく自動販売機の売り上げを守ることができ、ニシハタシステムは、無料導入が可能になることによって、加速的に緊急地震速報機器のシェアを拡大することができ、それが社会的貢献にもつながるというものだ。

お互いにメリットを生みだす申し分のない提案だったが、無名の会社がいきなり大手企業にかけあっても、まともに話を聞いてくれる確率は低い。そこで西畑社長は自社に自動販売機を置き、大手飲料メーカーを紹介するコンシェルジュに来てもらうことにした。

コンシェルジュに話を持ち掛けると、担当者は「おもしろいですね」と好反応を示してくれた。そして、コンシェルジュから大手飲料メーカーへと話しがつながり、ついに半年かけて契約が結ばれた。

「最初は本当にできるのか？　会社は潰れることはないのか？など懐疑的な見方もあった大手飲料メーカーが、最後はとりあえず一回やってみましょうと賛同してくれた。有難かったですね」と西畑社長は噛みしめるように語る。

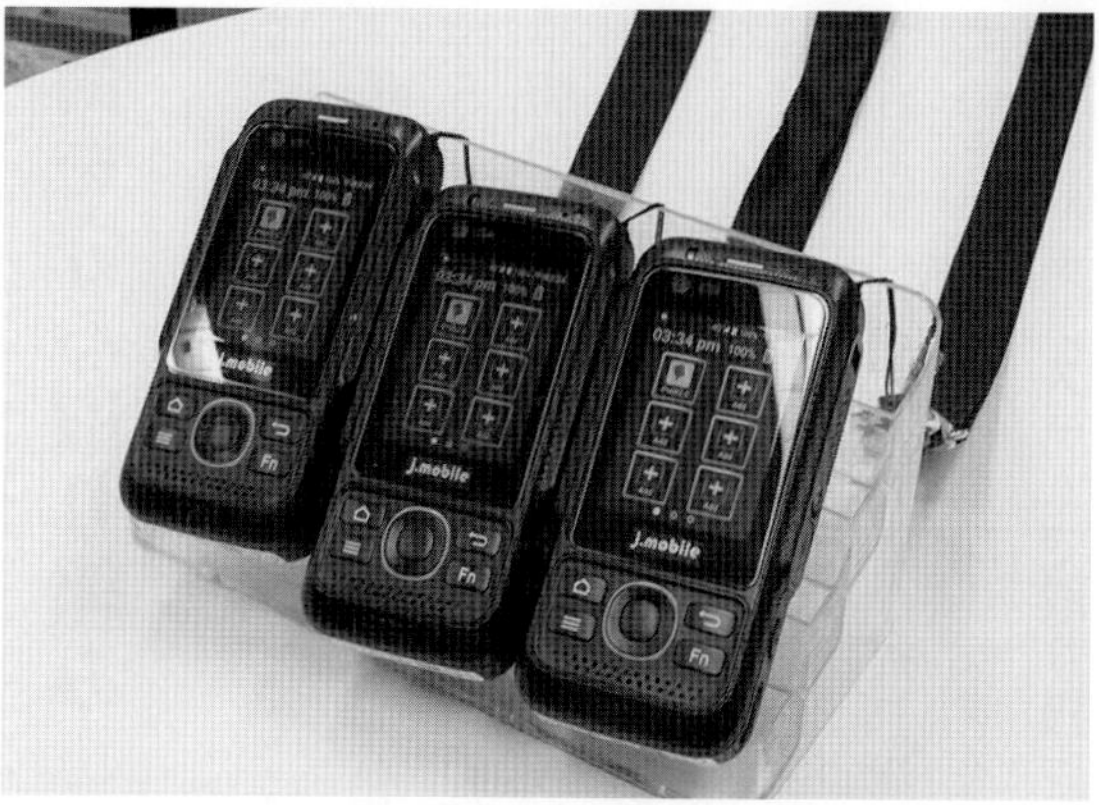

災害時でも通信規制を受けずに連絡のとれるＩＰ無線機

こうして今までにない画期的なビジネスモデルが誕生すると、瞬く間に全国へと波及し大成功を収めた。現在は実に４７００の企業が緊急地震速報機器を導入し、ニシハタシステムは国内販売会社で一躍トップシェアを誇る企業へと成長した。「国内で売り上げ実績№１になる」西畑社長の夢が現実に実を結んだ瞬間だった。

命を守る取り組み　数秒の判断の差が生死をわける

緊急地震速報器、IP無線機を防災事業の2大柱に

災害時に命を守る緊急地震速報とは、どのようなものなのだろうか。緊急地震速報とは、最大震度5弱以上の揺れが予想される時や、重大な災害が起こる恐れのある旨を警告音で一早く知らせる情報のことだ。地震はP波と呼ばれる小さな揺れの後、S波と呼ばれる強い揺れがくる。このP波を気象庁の地震計がとらえて自動計算で地震の規模や震源地を予測し、大きな揺れが来る前に知らせて、身を守るようにするのだ。

「一秒でも早く揺れを知り、的確に次の行動をとるだけでその後の死傷率というのは大きく変わってきます。例えば大きな揺れが来るまでに20秒の時間があれば、95%も死傷率が軽減すると言われています」西畑社長は述懐する。わずか数秒の警告の差が生死を分ける要になるのだ。

ニシハタシステムで取り扱っている緊急地震速報受信端末「地震の見張り番タッチ」は、10・1インチフルカラー液晶画面に日本地図が表示され、震源地情報がわかる最も多くの企業に導入されている緊急地震速報受信機だ。

他社製品との大きな違いは、緊急地震速報だけでなく津波・噴火警報、及びメール配信機能があり全社員が携帯電話に登録すると安否確認システムの役割も果たす。既設の設備にも接続が可能なので、上場企業や自治体での導入実績も増え続けている。

そして緊急地震速報器に続き、今ニシハタシステムが新たな防災事業の柱として力を注いでいるのが、幼稚園や保育園向けの次世代型IP無線機の普及だ。

地震や台風などの災害時には救急や消防などの緊急連絡が優先され、固定電話や携帯電話などの一般電話は通信規制がかかり通話がつながりにくくなる。

ＩＰ電話はこうした災害時でも通信規制を受けないデータ帯域での通話が可能なため、送迎バスで外出中の職員や子供たちの安否確認、状況を瞬時に把握することができる。

また、ワンタッチで一斉通話ができるため、災害時の状況把握はもちろんのこと、全職員や保護者にも情報を共有できるメリットがある。

災害時に確実に電話がつながることへの安心感はとても大きい。ＩＰ電話はドコモの電波やｗｉ－Ｆｉ電波がある場所なら全国どこでも通話が可能だ。

「現在、災害対策で導入してくださる幼稚園や保育園は７００施設を超えました。２０１６年の熊本地震でも実際に通信規制にかからず使用できたと、喜びの声を頂いています。営業訪問なしのオンライン相談も行っていますし、１週間は無料貸出しもできるので、防災を考える良いきっかけにしていただけたらなと思います」と西畑社長は呼びかける。

感謝と謙虚な心を忘れず、30年続く企業を目指す

健全な利益を積み上げて、社員と喜びを分かちあいたい

西畑社長が常々大切に思っている信条がある。会社の経営理念にも掲げられている「感謝と謙虚さだ。

「家族に感謝すること、今の仕事があることに感謝することを心がけています。それからお客様

社員とその家族を大切にする西畑社長は毎年社員旅行を盛大に実施

の立場にたって誠意ある提案をすること。いろんな提案をさせてもらって、もしこの提案でよければ採用してくださいという謙虚な姿勢を持つことが事業を行う上で一番大切なことだと思います」

顧客目線にたった提案力、考え抜く力、そして感謝と謙虚さを忘れない心。

小さな無名の会社から国内屈指の防災事業販売会社に育てあげた西畑社長の経営姿勢からは、事業家としての真髄と矜持がにじみ出る。

今後の目標について「まずは30年続く会社を目指していきます。緊急地震速報機器やIP無線機などの防災事業を通じて人々の命と安全を守る取り組みをさらに推進し、災害時の減災に少しでもお役に立つこと、そして社会に役立つ健全な利益を積み上げて、社員全員と笑顔で喜びを分かちあいたいです」と力強く語る。

「災害から人々の命を守りたい」

その熱き想いを胸に、ニシハタシステムの飽くなきチャレンジは、まだ始まったばかりだ。そして今後も西畑社長を筆頭に、社員一丸となって邁進していく。

President Profile

西畑　恭二（にしはた・きょうじ）

昭和 36 年 12 月生まれ。大阪府出身。近畿大学理工学部卒業後、大手ＯＡ機器メーカーに勤務。最年少マネージャーとして大手企業コンサルティング営業を経て、平成 16 年に株式会社ニシハタシステムを設立して代表取締役に就任。現在緊急地震速報機器の普及に携わり導入実績全国 No.1 を誇る。緊急地震速報連動型安否確認システムも開発。株式会社 T・Mプランニング専務取締役。ＮＫ ビジネスカレッジ代表。緊急地震速報機器利用者協議会会員。経営コンサルタント。

Corporate Information

株式会社 ニシハタシステム

所在地	〒 598-0021　大阪府泉佐野市日根野 4341-9 TEL　072-458-6090　FAX 072-458-6085 URL http://www.nishihata-system.jp ◉東京支社 〒 151-0051　東京都渋谷区千駄ヶ谷 5-27-3　やまとビル 8 階 TEL　03-6865-6547
創立	平成 16 年 10 月
従業員数	16 人
事業内容	緊急地震速報販売業務、放送設備等販売及び施工業務、ＮＴＴ回線取次業務、電気通信コンサルタント業務
経営理念	「世のため人のために、感謝と謙虚を持って、社会貢献を体現する、当たり前の防災を体現する」

植物技術と自然力で美しい自然を守り、安全で安心の製品づくりに挑む

悪循環を善環境に変え「HB-101」で世界中に100％以上の幸せを

植物技術と自然力で、世の中を、日本と世界を１００％以上幸せにしていきます

株式会社 フローラ

代表取締役　川瀬《かわせ》　善業《よしなり》

三重県の北部に位置する四日市市は、西に鈴鹿山系、東に伊勢湾に面した温暖な地域で、古くは日本武尊伝説、平安から鎌倉時代にかけては伊勢平氏が活躍した土地としても知られる。明治時代以降は繊維産業、さらに機械、化学などの工場進出が相次いで四日市は発展を遂げた。しかし昭和30年代以降は、石油化学コンビナートの進出で大気汚染をはじめとした公害の発生で大きな社会問題となった。この四日市市に本社を構え、高度な植物技術、つまり、皇朝医学に基づいた実学で自然環境の保全に努め、人々の幸せと笑顔を支えてきたのが株式会社フローラだ。幼い頃から三重県の美しい自然が農薬によって破壊されていく様に心を痛め、自ら植物技術を用いて自然と生物を守ろうと、昭和57年に川瀬善業社長が株式会社フローラを創立した。フローラはまず多くの独創的なバイオ商品を提供しているが、昭和53年から製造販売している天然植物活力液「HB－一〇一」は世界中の50カ国以上の国々で8、000万人以上の人達が愛用し続けている世界的ヒット商品だ。

自然に優しい天然植物活力液「HB－一〇一」は

植物の栄養素となって植物の生長を促進する働きがある

古来、自然災害や病気や害虫によって農作物は大きな被害に見舞われてきた。安定した生産を確保するため、化学合成農薬の使用によって病害虫や雑草の排除などを行ってきたが、新たに環境問題を引き起こすことになった。このため、安全で自然に優しい農業資材が強く求められるようになった。

こうした背景から誕生したのが、川瀬善業社長が開発した「HB－一〇一」だ。HB－一〇一はスギ、ヒノキ、マツ、オオバコから抽出した天然植物活力液で、すべての植物を超元気にし、きれいにし、収穫量を増やし、作物をおいしくし、病気や害虫を防ぐ力があり、花や樹木、野菜、米などすべての植物に使用することができる。ＨＢ－一〇一は、農薬とは正反対の性質を持つ自然に優しい製品だ。自然環境に悪影響を及ぼす恐れのある化学薬品を一切使用せず、植物と動物と人間と地球に害を与えないことを第一に考えて作られている。ＨＢ－一〇一の使用法はいたってシンプルで、作物が生育する面積に応じて最も適した比率でＨＢ－一〇一を1、000倍から10万倍に希釈し、土や植物に散布するだけである。特に土壌と葉っぱにＨＢ－一〇一が与える効果は抜群で、最適なバランスで植物の光合成を助ける。またＨＢ－一〇一そのものが植物の栄養素となり、生長を促進する働きがある。植物が本来もっている生命力を引き出し、作物を元気に育てる。川瀬善業社長は、「ＨＢ－一〇一を使えば農薬の使用量をグッと減らせるので、完全無農薬栽培や、減農薬栽培、有機栽培に最適です」と語る。ＨＢ－一〇一は顧客から非常に高い評価を受けている。ＨＢ－一〇一の愛用者からは、「シクラメンがＨＢ－一〇一のおかげで2年も咲き続けている」、「ＨＢ－一〇一を使ったら、ブルーベリーが大豊作になった」、「飼い猫の飲み水にＨＢ－一〇一を2、3滴入れて飲ませたら、猫の毛のツヤが良くなり、猫の食欲が増えた」といった声が寄せられている。家族同然のペットの飲み水にＨＢ－一〇一を2、3滴入れて飲ませるということからも、顧客のＨＢ－一〇一に対する厚い信頼が伺える。

古文書をひもといて次代を拓く新製品が誕生

構想19年、「ＨＢ－一〇一」を製造販売

川瀬善業社長が徹底してＨＢ－一〇一の安全性にこだわった理由はその生い立ちにある。生家で

ある川瀬家は三重県員弁郡（現在のいなべ市）で代々スギやヒノキやマツなどを生産する林業を商い、江戸時代には何代にもわたって庄屋を務めた名家だ。しかし、15代目となる川瀬善業社長が小学校1年生になった昭和31年には、海外から安価な材木が輸入されるようになり、日本中の林業と、川瀬家の林業に陰りが見えはじめた。同時に農業で農薬が使われ始め、川瀬社長が小学校4年生になった昭和34年には、農薬を散布した田畑からシジミやホタルやトンボなどが明らかに減ったという。

ちなみに米国の生物学者レイチェル・カーソンが、ＤＤＴをはじめとする農薬などの化学物質の危険性を訴え、ベストセラーとなった『沈黙の春』を著したのは、ほぼ同時期の昭和37年の時だった。

「これは何かおかしい?と思った私は、田んぼで農薬を撒いているおじさんに、『そんな危ない物は使わない方がいいよ』と声をかけました。おじさんは、『農薬を使わなければ農業はできないよ』と笑うばかりでした。以来、私は自然に大きなダメージを与える農薬に代わる物、安全無害な植物のための資材ができないものだろうか?と考えるようになりました」と川瀬善業社長は当時を振り返る。同じ頃、運命的な出会いが訪れた。川瀬善業社長は、生家の蔵に現在も保存されている2、800点にも及ぶ古文書を見つけた。

株式会社フローラの外観

「昔は子供がいたずらをすると、親は蔵に閉じ込めてお仕置きをしていました。私も何度かお仕置きをされたのですが、その時、蔵にあった古文書を読むようになりました」

幼い子供が読み解くには難しい文字で書き連ねてあり、内容も難解だったが、なんとなく意味は理解できたという。ある日、くだんの蔵で川瀬善業社長は、古文書の1つに「杉、檜、松、オオバコが植物にも動物にも人間にも役に立つ」と書かれている文言に注目した。実際にスギやマツには防虫効果が、ヒノキとオオバコには強い抗菌性があることが確認されている。どれも自然界に存在し、化学薬品のような危険性とは無縁のものばかりだ。

「これを参考に自然を破壊しない薬を作れば、傾いている家業の林業を立て直す事が出来るかも」と川瀬善業少年はこの発見に胸を躍らせた。

早速、自然豊かな地元の山や野原、川などで材料を採取し、小学校の理科室を使って古文書の通りに活力液を作ってみた。こうして出来上がったのが、植物にも動物にも人間にも無害な天然植物活力液ＨＢ－一〇一の原型だった。

その後、何度も改良を繰り返し、ＨＢ－一〇一と名前を付けて、昭和53年に本格的にＨＢ－一〇一の製造と販売をスタートさせた。ＨはハッピーのＨ、ＢはバイオのＢで、植物技術の事、一〇一は１００％以上の事、つまりＨＢ－一〇一は「植物技術で世の中を１００％以上、幸せにする」との意味があるとの事。構想から実に19年の歳月が流れていた。川瀬善業社長は「開発の土台にあるのは皇朝医学という学問分野です」と語る。聞きなれない言葉だが、簡単に言えば日本古来の考え方に基づいた医学で、西洋医学と相対するような役割を担っているそうだ。

安全性と効果を自ら農家の目の前で実証して売り込み
国内はもとより、世界50カ国以上で販売

長い時間をかけて改良を続け、ようやく製造・販売にこぎつけた天然植物活力液ＨＢ－一〇一。

しかし世の中に広めるのは簡単ではなかった。開発当初は川瀬善業社長自らがＨＢ－一〇一を手に、約３年間の間、三重県をはじめ近畿各地や東海地方の農家を回って行商を続けた。「使ってみてください」と勧めてもほとんどの農家がＨＢ－一〇一を農薬と勘違いして、「そんな農薬はいらない」と追い返されるばかりだ。自然に害を与えない安全・安心でかつ高い効果を持つこれまでに例を見ない斬新な生育効果がある－と訴えても、なかなか理解を得るのが難しく、最初はほとんどの人が怪しんだのも無理はない。そこで川瀬善業社長が考えたのが次のようなパフォーマンスだった。

「安全無害な製品であることを分かってもらうため、コップに水を入れ、そこへＨＢ－一〇一を２、３滴入れて、農家の人の目の前で飲んでみせました」という。「えっ？飲めるの？」と農家の人は驚き、「ＨＢ－一〇一が安全無害だということをわかってくれました」。

そして「何か弱った植物はありませんか？」と聞くと、「出荷する作物や家の中の観葉植物で弱った植物をみせてくれました」。その植物にＨＢ－一〇一を１、０００倍に薄めた液を植物の葉っぱと土に散布して、「明日また来ますから、もしこの植物が元気になっていたら、１本は２、３００

HB-101 をはじめとするフローラ社製品

円ですが、ぜひ買ってください」とお願いしたという。

結果は100%の割合で前日まで弱っていた植物が見違えるように元気になっていたという。こうしたパフォーマンスに安全性や生育促進効果が目の当たりに確認出来て、人々は喜んで買ってくれたそうだ。論より証拠というわけだ。

「当時、私自身はそんな毎日を苦労とは思わず、むしろHB－一〇一の存在をできるだけ多くの人に知ってもらおうとワクワクしながら楽しくやっていました」と川瀬善業社長。自社製品の価値を信じていればこそ、逆境にあってもブレることのない一貫した姿勢を貫くことができたのだろう。

このようにして天然植物活力液HB－一〇一はじわじわと、そして着実に世間に認知されていった。令和2年現在、HB－一〇一は北海道から沖縄まで全国で販売され、個人の顧客は約100万人、HB－一〇一製品を扱うホームセンターや種苗店、肥料店、園芸店、農業機械店、農協などの店舗は5,000店以上にのぼる。さらに世界50カ国以上に輸出され、しかも最も多く販売しているのは日本企業の進出が非常に難しいといわれるロシアである。

製品多角化で広く展開を続けるフローラのフロンティア精神

顧客の声をヒントに生まれた好評の育毛剤HG－一〇一

現在、株式会社フローラが開発し、製造し、販売を行っている製品は20種類以上におよぶ。主力製品のHB－一〇一に加え、純植物性消臭液のニオイノンノ、天然混合飼料のニオワンダフル、さらに薬用育毛剤「HG－一〇一」や化粧品、健康食品（サプリメント）など多彩な製品が並ぶ。もちろん全ての製品の土台には皇朝医学がある。育毛剤の開発に関する面白い逸話がある。今から20年前、ある園芸関係の展示会を訪れていた川瀬善業社長は写真を手にした男性に声をかけられた。男性は「これは1年前の私の写真です。今より髪が少ないでしょう。おたくのHB－一〇一を毎日頭にすりこんでいたら、髪がこんなに増えてきたんです」という。そんな用途で使われているとは夢にも思わなかった川瀬善業社長は、すぐに育毛剤の開発に取りかかったという。

「考えてみれば、植物を超元気にする蘇生力は人の髪の毛にも活かせるはずです。そこでHB－一〇一に発毛促進効果のあるセンブリエキス、そして頭皮の血行改善やストレス緩和、ホルモンバランスの乱れを整える効果のあるオタネニンジンのエキスを加え、薬用育毛剤のHG－一〇一を開発しました」との事。このように顧客の反応をすぐに取り入れて商品開発に生かす柔軟性も、株式会社フローラが長期にわたり成長を続けている理由の1つだ。HG－一〇一の顧客からは、「HG－一〇一で最近黒い毛が目立つようになった」、「71歳の男性だが、薄かった頭髪がHG－一〇一で濃く黒くなってきた」、「HG－一〇一で髪にボリュームが出て、くしに脱け毛がつかなくなった」と喜びの声が寄せられる。HB－一〇一だけでなく他ジャンルの製品開発にも臆せずチャレンジする姿勢こそ、株式会社フローラの成功の秘密かもしれない。

HB－一〇一の使用者と使用植物と使用地域の「深掘り」とともに、新分野をさらに開拓

HB－一〇一から生まれる「善循環」で日本と世界の幸福に貢献

日本は世界第5位の農業大国といわれる。しかし、後継者や農地の不足、農薬による土壌の劣化

など問題は山積みだ。世界に眼を転じれば深刻な食糧危機、水不足という課題があり、それらの解決策として今後、植物技術と自然力がますます重要視される。

こうした時代背景の中で、株式会社フローラは「植物技術と自然力で世の中を、日本と世界を100％以上幸せにしていきます」と力強く宣言する。

活気あふれる社内オフィス

「HB－一〇一は食糧危機問題の解決に大きく寄与すると考えており、今後ますますお客様を深掘りすることが必要です。同時に現在ラインナップされている20種類以上の製品も大いに拡大していきます」との事だ。世界的に武漢ウイルス（新型コロナウイルス）の感染が問題になっているが、「株式会社フローラの植物技術を活用し、その解決に役立つような製品も開発していきます」との事だ。川瀬善業社長が率いる株式会社フローラの企業理念の1つは「植物技術と自然力で日本と世界の幸福に貢献します」である。いたるところで農薬を使用して自然環境が壊されている現在、「その悪循環をHB－一〇一の普及でみんなが幸せになり、善循環を作って行くことが私たちの役目だと思っています」と熱く語る。

「私は仕事人ですので、全力で一〇一歳まで仕事をし続けます」と言い切る川瀬社長に、バイオ技術の明日を担う企業人としての気概を見る。

President Profile

川瀬　善業（かわせ・よしなり）

昭和24年生まれ。三重県出身。早稲田大学社会科学部を卒業後、EC東京代表部（現在のEU東京代表部）に勤務後、家業の手伝いを経て、昭和53年に「HB－101」を開発し、製造と販売をスタート。以後、100％純植物性消臭液の「ニオイノンノ」、天然混合飼料の「ニオワンダフル」、薬用育毛剤「HG－101」、化粧品、健康食品（サプリメント）などを次々と展開。同社の持つ高い植物技術を活かした製品を生み出し続けている。

Corporate Information

株式会社 フローラ

所在地	〒510-0855　三重県四日市市馳出町3-39 TEL 059-345-1261　FAX 059-345-4164 URL　https://www.hb-101.co.jp
創立	昭和57年10月
資本金	1,000万円
従業員数	118人（令和2年6月30日現在）
事業内容	化粧品の製造・販売、医薬品及び医薬部外品の製造・販売、化学薬品の製造・販売、杉・檜・松・オオバコの抽出エキスを含んだ天然植物活力液の製造・販売、純植物性消臭液の製造・販売、植物性混合飼料の製造・販売、農産物の生産・販売、調味料・香辛料・甘味料等食品添加物の製造・販売、杉・檜・松・オオバコの抽出エキスを主成分とする健康食品・飲料水の製造・販売、前各号に附帯する一切の業務
企業理念	1. 天皇国日本をつくります。 2. 全人類を天皇信仰に帰一せしめます。 3. 植物技術と自然力で日本と世界の幸福に貢献します。 4. すべての社員が明るく楽しく幸せになり、豊かになる会社をつくります。

芸術・演劇を通して子どもたちに喜びと楽しみを届ける

芸術・演劇のサポート事業に邁進

全ての子どもが文化芸術に出会えるよう、舞台芸術にアクセスしやすい環境を作っていきます

株式会社 星企画
ほし社会保険労務士事務所

代表　星　幸恵

舞台劇・人形劇・影絵などの演劇、オーケストラやオペレッタ、ミュージカルなどの音楽、バレエやコンテンポラリーダンスなどの舞踏や舞踊などの様々な舞台芸術が児童・青少年のために作られ、日本全国で上演されていることをご存知だろうか。日本では明治維新後の近代演劇の発展と同時に、児童のための演劇の公演が行われるようになり、その時代ごとの子どもの為の舞台芸術が作られ、上演され続けてきた。戦後、子どもを観客対象とした舞台芸術作品を作る、観る活動の輪は広がりを見せ、子どものための演劇を上演する専門劇団が生まれ、舞台鑑賞を通して子どもの成長を考える市民団体との両輪の運動は半世紀以上続いてる。現在では全国各地の幼稚園や保育園、小学校、文化施設で上演が行われている。海外との交流も意欲的だ。しかし一方では少子化、学制の改革、自治体の財政難などの理由で、子どもが舞台芸術に触れる機会は年々、減っているという。

こうした中で、株式会社星企画代表の星幸恵さんは、舞台芸術を子どもに届ける事業のサポートを受託して業界を支えている。

「私自身は、子どもの頃に演劇を見て心を揺さぶられ、これまでの人生を豊かなものにさせてもらいました。世の子どもたちにも私が体験したのと同様に、舞台作品を楽しんでほしいと思います。今の仕事の原動力は一人でも多くの子どもたちに舞台芸術に親しんでもらい、その魅力に触れていただきたいと願う点にあります」

メインは舞台作品を作る劇団や表現者を支える仕事

社労士の資格を活かして舞台芸術に携わる人が気持ちよく働ける職場づくり

星代表が行なっている舞台芸術の事業サポートは、作品をつくる側である劇団や舞台作品に携わる人を支えることで、子どもが舞台芸術に出会う機会を増やす仕事だという。

「例えば公演の企画立ち上げ時にスタッフとして関わったり、公演の規模や作品内容に合う会場探しのコンサルティング、さらに告知のための広報プラン、チケットセンターの設置やチケット販売のサポートもします。公演当日に会場の受付業務を担当することもあります」

こうした業務に加え、社会保険労務士の資格を持つ星代表は、舞台芸術に携わる人の労働環境の改善についてのサポートも併せて行う。

「稽古場の組織体制のコンサルティング、劇団の就業規則の見直しや働き方の改善などについての相談を受け、舞台関係者が安全で気持ちよく仕事ができる労働環境をつくります」

裏方仕事に徹する星代表はプロデューサー的な立場に身を置き、公演の企画から実施、後始末まで公演全体を管理する仕事をこなしていく。同様の業務を行う事業所は存在するが、児童・青少年のための舞台芸術に特化して、バックオフィスを支える企業は少ない。平成29年に起業して以降、事務所を持たずに仕事をしていたが、令和2年1月に東京都狛江市の駅からすぐの所に、星企画に併設する形で社労士事務所を開業したために、星企画も事務所を構えることができた。

「事務所前の掲示板やラックで子どもの文化についての様々な情報の発信を試みています。その結果、異業種のかたが立ち寄って子どもを取り巻く環境について話してくださったりと、新たな発見が生まれることが増えました」と話す星代表。

信頼を置くスタッフ達とともに、さらなる活動の広がりを目指したいと語る。

ニーズが高まる〝インクルーシブな公演〟の開催サポート

あらゆる可能性を想定し、様々な要望に応えるための準備を整える

十分なコミュニケーションをとるために公演会場に用意している筆談マーク（左上）、コミュニケーション支援ボード（右上）、筆談ボード（右下）

ここ数年星代表への相談で多いのが、〝インクルーシブな公演〟の企画のサポートだ。インクルーシブとは「包み込む」という意味で、国籍や人種、文化、障害の有無等によって隔てられることのない公演を実現し、あらゆる子どもに舞台作品を楽しんでもらおうという取り組みだ。「目指しているのは、全ての子どもが文化芸術に出会えること。そのために、観客のさまざまなニーズに寄り添うことで、舞台芸術にアクセスしやすい環境を作っていく仕事を心がけています」

平成31年1月には、「誰もが分け隔てなく舞台作品を楽しめる」をコンセプトにしたインクルーシブ・アーツ・フェスティバル２０１９が、国立オリンピック記念青少年総合センターで1週間にわたって開催され、星代表も運営スタッフとして参加した。このフェスティバルは、国内作品に加え、海外からの作品やベイビーシアター作品が上演され、様々なテーマでのパネルディスカッションや

シンポジウム、ワークショップが開催され、国内外から多くの観客でにぎわいを見せた。

「主催者側があらかじめ、従来よりも多くの工夫をすることで、耳の不自由な方や車いす利用の方も、ご自身の負担となる出かけるための準備が少なく済み、気軽に参加できたと評価されました。ただ細やかな配慮やサービスが足りていない部分もみられ、今後に向けた課題も見つかりました」

現場で起こる課題に直面すれば、過去の経験を活かして解決を図る。こうしたプロセスを繰り返して、より良い子どもの為の舞台公演をプロデュースしていく星代表。

「会場での十分なコミュニケーションのためのアイデアやサービスはいくつかありますが、導入しやすいのはコミュニケーション支援ボードと筆談ボードです。イラストや文字を使ってコミュニケーションが取れるので、手話のできないスタッフでも耳が不自由な人への情報保障につなげることができます」

昨年1月のインクルーシブ・アーツ・フェスティバルの際には会場のロビースペースにテントを設置。

「自閉症スペクトラムなどで、慣れない場所や大きな音、光などに困惑してパニック状態になった子どもが落ち着けるように、〝あんしんスペース〟と名付けて、一時的に退避する場所としてテントを活用しました」。

「このことを翌年の別の公演の際に応用すると、違う形でお客様の要望や悩みを解決することができました。トイレなどの設備が古いタイプの会場だったので、テントを設置することで授乳やおむつ替えを行うスペースを補うことができ、大変喜ばれました」

あらゆる可能性を想定し、ニーズに応えるための準備を整える。長年子どものための演劇舞台に携わってきた星代表だからこそできる芸当だ。

大勢の子どもが食い入るように見つめる
「A-hoj ！新宿」での公演（2018 年）

「全ての子どもたちが文化・芸術に触れることができる社会を」

幼少時代の経験が舞台演劇に携わるきっかけに

『全ての子どもたちが文化・芸術に触れることができる社会をつくりたい』。この想いが、星代表のエネルギッシュな活動の原動力となっている。現状に満足することなく、より良い舞台環境を整えるため、毎日試行錯誤を繰り返す。そんな、星代表の仕事のルーツは幼稚園時代にまでさかのぼる。

「私が舞台に興味をもったきっかけは、幼稚園のお遊戯会でした。ウクライナの民話をもとにした作品で、私が希望したのはオオカミの役だったのですが、同級生から『女のくせにオオカミをやるのはおかしい』という声が上がりました。しかし当時の担任の先生は、世間一般で語られるジェンダーのイメージがこの場合の登場人物に当てはまるのかを園児に議論させ、考える時間を設けました。結果、園児達はそれぞれが納得して役を選ぶことになりました」

希望通りオオカミの役を演じた星代表は、意欲的にお遊戯会の発表に取り組んだ。「表現をすることが楽しいと思いました。それに役を演じる過程を通して違う角度からものの見方を学ぶことができました。この時の経験は非常に大きかったですね」

その後、小学生にあがった星代表は、一年生の時の学校行事で、観客席の最前列から劇団仲間の「モモと時間どろぼう」を鑑賞する機会を得る。「廃墟に集まって遊んでいる子どもたちが〝海賊ごっこ〟を始める劇中劇の場面があったのですが、観ているうちに心が揺さぶられ、自分も一緒に船の上にいて『嵐がくるぞ！』『波がくるぞ！』『海の妖精がいるぞ！』と叫んで遊ぶ子ども達の横で、嵐の波しぶきをかぶり、本当に水に濡れたような感覚を覚えました」

作品の世界に入り込む体験を星代表は、「その時の状況は今でも鮮明に覚えています。思い出すたびにとても楽しい気持ちになります」と話す。

「舞台芸術が私の人生を豊かにしてくれた」

現状の課題は公演が都市部に集中していること

舞台芸術の魅力に憑りつかれた星代表は、その後、絵を描いたり、様々な絵本を読んだり、観劇の機会を得るなど多くの文化・芸術に触れて育った。そして教員になることを目指して通った出身校の斡旋で人形劇団プークに就職した。

「当初は演技部に配属され俳優として舞台に立ちましたが、すぐにプロデュース等を行う部署への異動を願い出て、年間120ステージほどの公演に関わるようになりました。また他の団体が作る舞台作品に触れる機会もあり、舞台芸術が子どもの成長に強く影響していく様子を目の当たりにしました。今私がこの仕事に携わっているのは、文化芸術が人と社会にとって必要なものであることを知っている者としての、社会に対する私なりの責任の果たしかただと思っています」

星企画を設立した後も、星代表のやるべきことは変わらない。子どものための舞台作品を作る事業を盛り上げ、子どもが舞台芸術に触れる機会を増やしていくことだ。

現在、子どもが舞台芸術に触れようとすると、学校行事等で体験するか、一般向けの興行に出かけるか、子ども劇場などの会員制の会の例会で鑑賞する形が一般的だ。

「今私が感じている課題は、公演が行われる場所が都市部に集中していることです。舞台に触れようと思えば、都市部に出かけていかなければなりません。本来文化や芸術作品に触れるのは、もっと身近で気軽なものだったはずです。例えば昔は地域ごとの芸能がありました。公園で紙芝居が行われていた頃もありますよね。私が理想に思うのは、その地域ならではの文化・芸術作品を小さなコミュニティ単位の集まりで、いつでも観ることができる環境です」

都市部に出ていかなくても、それぞれの地域で作品に触れる環境を作ることが今後やるべき課題だと星代表は訴える。

「子どもたちがいつでもどこでも文化芸術に触れられる社会を」

独自のスタイル貫き幸せの輪広げていく

「地域ごとに頻繁に子どものための舞台芸術の公演が行われる環境があれば、子どもたちも日常的に舞台芸術に、気軽に触れることができます。こうした環境を構築するのは、作品を創造する側

道化師 Chang（ラストラーダカンパニー）

に力量があることが重要だと思います」

しかし現状は、全国津々浦々で公演ができるだけの、舞台作品の数がまだまだ足りていないという。「私も舞台作品をつくる側の一員として、できることは何でもやっていきたい」と星代表は熱く語る。

舞台芸術に初めて触れた時、その世界に惹きこまれ、魅了された子どもは、大人になって、次世代に文化芸術を継承していこうと日々奮闘している。星代表の人生には、いつも身近なところに文化芸術があった。

「作品によっては、楽しいだけでなく怖いものや理不尽なものもあります。そういったものも含めた文化芸術が、人間には絶対に必要だと思います。子どもたちが、いつでもどこでも芸術に触れることができる社会をつくっていく。それが私の使命です」と瞳を輝かせる。モットーは〝自分ができることを、できる範囲で〟。星代表独自のスタイルを貫き、幸せの輪を広げていく。

President Profile

星　幸恵（ほし・さちえ）

東京都出身。絵を描くことや絵本が好きで、絵本専門店や造形教室の仕事に憧れを抱く。学業修了後、人形劇団に就職。未知の世界だった演劇に関わり、人形劇の企画・制作の経験を積んだ。家庭の事情で離職した際、児童・青少年演劇関係の業務依頼が続いたため、平成 29 年 9 月株式会社星企画を設立。
2019 年 12 月にほし社労士事務所を併設。劇団や演劇のプロジェクトを労務管理や労働環境を整えることでサポートし、持続可能な芸術の活動を可能にする活動をしている。全国児童・青少年演劇協議会に所属し、運営委員を務める。

Corporate Information

株式会社 星企画／ほし社会保険労務士事務所

所在地	〒 201-0013　東京都狛江市元和泉 1-4-7 TEL　090-1817-7172　FAX 03-3430-2870 URL　https://hoshi-kikaku.jimdosite.com/
設立	平成 29 年 9 月
資本金	500 万円
従業員数	2 人
事業内容	児童・青少年演劇事業のサポート。舞台作品を選ぶアドバイス、上演団体のコンサルティング。子どものための舞台作品の企画制作、上演。
企業理念	全ての子ども達に、芸術に触れる機会を提供したい。ひとつの企業としてできることは些細なことですが、ひとりでも多くの子どもが、1 回でも多く芸術に触れることができるよう、機会を作っていきたいと考えています。

「辛麺」の元祖として独自の食文化を提供

延岡発祥の「食べる幸せ」で、全世界の人々を笑顔に！

食文化を通し、多くの人に
『桝元があってよかった』と
喜ばれる存在を目指します

株式会社 桝元

代表取締役社長　長曽我部 隆幸

南国・宮崎県の北部に位置する延岡市は、市街地からおよそ30分で海・山・川にアクセスできる、豊かな自然に恵まれた地域だ。そこで育まれた新鮮な食材は延岡市の様々なソウルフードや特産品となり、多くの人々に愛されている。その延岡市から多くの人々に支持される「辛麺《からめん》」店をチェーン展開しているのが、株式会社「桝元」の長曽我部隆幸社長だ。「日々是新」の精神のもと、地元に根差し、地域社会の発展を主眼に「食べる幸せ」を提供して、世界を笑顔にする取り組みに邁進している。長曽我部社長は「辛いけど旨い」をコンセプトに、子供からお年寄りまで幅広い年齢層に好まれる味を創業以来追求してきた。

「辛麺の『辛』に一生懸命の『一』を足したら『幸』という文字になります。県民一人一食を通過点に、『幸』の麺を提供することで、食べる幸せを全国の人に味わってもらいたい」と長曽我部社長。

唐辛子で真っ赤なスープは見かけより繊細な味わいで、「ほんのりと感じられる甘さとコクのある旨みが癖になる」と評判だ。テレビやWebなど多くのメディアに取り上げられ、「辛麺といえば桝元」というイメージが全国区で定着しつつある。順調にチェーン展開を続ける桝元は、「日々是新」そのままに、絶えず新たな試みを続けてる。

元祖「辛麺」を一躍有名にした、品質へのこだわり

地元・延岡市から全国へ発信する独自の味

長曽我部社長は宮崎県日向市に生まれ、高校を卒業後、大手食品メーカー勤務を経て延岡市で飲食店の経営を始めた。その頃、宮崎県北部の繁華街を中心にチェーン展開していた桝元の旧経営

延岡市民にとって無くてはならない存在となっている
辛麺屋・桝元

者と親交があったことから、店舗を買い取ることとなり、2001年に有限会社パステル（現・桝元）を設立した。長曽我部社長は、店舗展開を繁華街から郊外中心に移し、顧客層を女性や家族客に広げたことで、経営不振に悩んでいた桝元の再建に成功した。現在、九州内外にフランチャイズ（FC）を含めた店舗展開を進めている。

「もともと桝元は、昭和61年に誕生した屋号『居酒屋ますもと』が始まりです。前店長が考案した辛麺がお客様から好評で、居酒屋から辛麺に絞って新たなスタートを切ったのです」と振り返る。今は多くの店舗が辛麺を販売しているが、桝元の「辛麺」には元祖ならではの特長がいくつもある。1つは醤油ベースのタレに唐辛子とニンニクを独自の比率で合わせたスープだ。ニラとニンニクをたっぷり使い、ヘルシーという点も桝元ならではのものだ。特にニンニクは1杯の辛麺におよそ5片も入っているが、においはほとんど残らず女性も気にせず食べられる。選び抜かれたそれらの食材を使ったスープは、辛さに加えほのかな甘みとしっかりした旨みがあり、一度食べればやみつきになると評判だ。辛さを1～25倍まで選べる仕組みも人気を集めている。そしてこのスープにうまく絡むのが、桝元独自の「こんにゃく麺」。といってもこんにゃくではなく、そば粉と小麦粉を主原料としたこんにゃくの触感によく似た麺である。この麺は食物繊維を多量に含み、ダイエットに最適だと女性客からの支持も高い。

ヘルシーさが受けて女性や家族客から支持を集める

桝元の辛麺ファンがFC店オーナー希望で直接連絡

長曽我部社長が桝元の社長に就任した平成13年当時は、長期の不況に見舞われる一方、女性の本格的な社会進出や、輸入牛を国産牛と偽って販売した食品偽装事件が話題となった年でもある。飲食業界で見れば女性の外食が増え、食や健康に対する人々の意識が高まった。自然と外食のメニューにも、女性向けやヘルシーさを売りにした食品が求められるようになっていった。

長曽我部社長はこうした点に注目し、メインターゲットを従来の独身男性やサラリーマンから女性や家族客へ移した。そしてメニューの数を増やし、がんや老化を起こす活性酸素を抑制するトマトをふんだんに使った「トマト辛麺」、女性ホルモンと似た働きをする豆乳と美肌効果・免疫力アップなどが期待できる白麹を合わせた「白い辛麺」、子供が好きなカレー味の「カレ麺」などヘルシーな独自メニューを追加していった。

さらに新しく開店した店舗ではタッチパネルを導入。「女性客は店員に声をかけたり、店員が注文を復唱するのを嫌うので、手軽に利用できるシステムを導入しました」

こうした施策により、女性客は全体の7割を占めるまでに増加した。平成29年に初めて宮崎県外の福岡県に直営店を出店し、現在は直営店が19店、FC店は20店（令和2年9月現在）にまで増えた。

「嬉しいことに、FC店オーナーは桝元の辛麺が好きで好きで仕方がない人ばかりなんです。うちの味に惚れ込んでオーナーをやりたいと直接連絡をくれるケースがほとんど。皆さん熱い想いでやってくれています」と長曽我部社長は顔をほころばせる。

現状に甘んじることなく、常に新たな取り組みに挑む

新規の食事業、管理面の強化、ドミナント出店を展開

順調に売上を伸ばしている桝元だが、現状に甘んじることなく新たな取り組みにも意欲的だ。例えば令和2年5月には、延岡市発祥のメニューとして全国的に知られているチキン南蛮専門店「こんぺい亭」を福岡県に出店した。他店ではチキン南蛮はメニューの中の1つに過ぎないが、こんぺい亭はあえて専門店としての路線を打ち出した。延岡発祥の代表的な食べ物を全国に広めていきたいという長曽我部社長の強い想いによるものだ。新型コロナウイルスの影響で予定より開店が遅れたものの、想定していた目標をはるかに超えるお客が訪れた。その後の集客も順調で、長曽我部社長は今後に大きな手ごたえを感じている。

さらにもう1つの新たな取り組みとして、食材調達や配送、店舗の開発、管理などを一元的に行う別会社の「桝元フードシステムズ」を設立した。これによって食材の卸会社と密接な関係を築き、食材の供給ルートを確立。それまでは、生鮮食品は各店舗が現地で調達していたが、設立後は全て「桝元フードシステムズ」から配送し、全店で品質を維持しながら味の統一化実現に繋げている。

「私たちが桝元ならではの味を提供し、お客様からの支持を受け続けるには、全店舗で同じ味を出すことが不可欠です。そのために食材も作り方も統一して管理できるような仕組みを作りました」

今後は南神奈川方面の大和、藤沢、戸塚、茅ケ崎、平塚、厚木など湘南エリアに約10店を出す予定だという。出店エリアを絞る「ドミナント出店」展開は、長曽我部社長がこれまでの経験から得たノウハウによるものだ。例えば過去に出店した北九州市の若松大鳥居店は、立地条件が良く、か

なりの人気店だが、桝元の他店とは距離があったため、食材の調達や人員の配置が難しかった。こうした経験を踏まえたドミナント出店で、神奈川県の後は関西圏にも本格的に展開する予定だ。

現場のクオリティを上げなければナンバーワンにはなれない

「現場力」「企画力」「発信力」が成長の原動力

桝元の辛麺はほんのりした甘さと
コクのある旨みがくせになる

桝元の目覚ましい躍進を支えるのは、同社ならではの「現場力」「企画力」「発信力」だ。「現場力は店舗スタッフが生き生きと働ける環境から生まれる」という長曽我部社長。全店員が「ここで働いて良かった」と思える職場づくりを目指し、社員の働き方改革を常に意識している。外食産業には珍しく桝元では基本的に残業ゼロ、休日出勤ゼロで、スタッフは2班・2交代制を採用している。社員は1店舗あたり4人前後と同業他社より多く配置し、どうしても社員数を揃えるのが難しい場合は各出店地区に1人ずついる担当マネージャーがフォローに入る。過去に「ワンオペ（ワンオペレーション：社員もしくはアルバイト・パート1名で店舗を切り盛りすること）」という言葉があったように、外食産業の過酷な労働条件が問題になったが、桝元の職場環境はその対極にあるといえる。

現場力は常にレベルの高い食事や接客を提供する力でもある。「飲食店が美味しい食事を出すのも、良い接客も、きれいな環境であることも当たり前です。しかしこの当たり前のクオリティを上げていかなければ、ナンバーワンにはなれません。元祖・辛麺に胡坐をかくことなく、日々精進していきます」と熱く語る。

企画力を活かし、顧客を引き付けるメニュー開発にも力を入れている。月に一度、各店の店長やマネージャーが集まって新しいメニューを考える。例えば全店で提供しているお子様ランチの場合、「郊外の家族連れをターゲットに想定しているので、お子さんが食べにくい麺はあえて出していません。ラーメン屋のお子様ランチだから麺を出すべきという固定観念は捨てています」と長曽我部社長。ある店舗がまかないで食べている食事が全店舗で正式メニューとして採用されたこともある。さらに調理や食材調達などのオペレーションも考え、場合によってはメーカーとタイアップすることもあるそうだ。

発信力にも様々な工夫を凝らしている。辛麺についてメディアからの取材依頼も多いが、激辛を目玉にした企画は全て断っているそうだ。理由は、辛さを前面に押し出さず、「全ての人に美味しい食事を提供したい」という桝元のコンセプトに反する発信を避けるためだ。

また桝元オリジナルキャラクターの「カラーメン」も発信力を活用した取り組みの1つだ。利用客からイラストを募り、1万通の応募の中から選ばれたという。

長曽我部社長は、「私たちだけで辛麺を全国に普及させるには時間がかかりますが、いろんな店舗が多種多様な辛麺を提供すればそのスピードは加速するはず。もちろん桝元は、その辛麺業界の中でナンバーワン企業となることを目指しています」ときっぱり語る。

通常、外食チェーンは開店から1カ月の売上が一番多く、徐々に下がっていくと言われる。しかし桝元の各店舗は、開店からずっと売り上げが変わらず、開店3年目に売上の最高記録を挙げる店舗もある。桝元独自の「現場力」「企画力」「発信力」のなせる業といっていいだろう。

コロナ禍の今こそ「食のインフラ」として人々を支えたい

延岡発祥の辛麺は、今日本をそして世界を駆け巡る

コロナ禍によって現在、過酷な状況にある外食産業。しかし長曽我部社長は、あえてこの災禍を前向きにとらえたいと語る。

「今回の苦難は従来の考え方ややり方を転換するチャンスになりうると思います。全ての社員が生きることや仕事をすることの意味を見つめ直し、ピンチをチャンスに変える心構えを持たないといけません。ウィズコロナの時代は社員一人ひとりが経営者の意識をもって業務に取り組むことが不可欠になるでしょう」

小・中学校の休校やテレワークの実施などにより家庭で調理をする頻度が上がり、作り手にとっては大きなストレスになっている。こんな時だからこそ、美味しい食事を提供して「食のインフラ」として人々を支えたいというのが長曽我部社長の考えだ。もちろん感染対策には万全を期し、全店舗に非接触で利用できる体温計を設置。複数のサーキュレーターを回して、仕切りも設置し個室状態にしている。

積極的な全国展開を続ける桝元だが、常に根底にあるのは地元・延岡への深い愛情だ。「桝元が

辛麺を世に広めるために積極的にイベントに参加

今日ある理由は、延岡の皆さまが私たちの辛麺を支持して食べてくださったからに他なりません。それゆえに私たちの店舗展開によって生まれる経済効果で、延岡と共に成長したい、延岡に恩返しがしたい」と、長曽我部社長は熱っぽく語る。

「取引業者はできるだけ地元である延岡の方にお願いしています。FC店も含め食材はもちろん割り箸1本であっても、延岡の業者からでないと買えない契約にしています」という徹底ぶりだ。大型資本から提携を持ち掛けられることもあるが、取引している地元の業者が切られてしまう恐れがあるので避けているという。

今後の展望は延岡発祥の美味しい食べ物を全国、ひいては全世界の人に食べてもらうこと、そして社員一人ひとりがここで働いてよかった、取引業者が取引してよかった、利用客が辛麺やチキン南蛮を食べてよかったという存在になることだという。地元宮崎から全国へ、そして世界へ―。延岡発祥の辛麺は故郷のソールフードとして日本を、そして世界を駆け巡ろうとしている。

President Profile

長曽我部　隆幸（ちょうそかべ・たかゆき）

昭和44年生まれ。宮崎県日向市出身。
宮崎県立日向高校を卒業後、大手食品メーカーの勤務を経て延岡市で飲食店を経営。
平成13年に「桝元」を設立し代表取締役社長に就任。
直営・フランチャイズを含め九州内外に店舗展開を進めている。

Corporate Information

株式会社 桝元

所在地	〒882-0837　宮崎県延岡市古城町4-53 TEL 0982-31-4840　FAX 0982-31-4842 URL https://www.karamenya-masumoto.com/
創立	平成13年3月
資本金	1,000万円
従業員数	正社員62名　パート・アルバイト234名（令和2年7月現在）
事業内容	飲食事業・不動産事業・エネルギー事業　他
経営理念	・社業を通した社員一人ひとりの人としての成長 ・一人ひとりの成長が会社を発展させ、会社の発展が地域社会へ貢献する ・出逢いを大切に　～より魅力溢れるひとへ　より魅力溢れる会社へ～

古本を通して人の心を豊かにー新時代の「本屋さん」を提案

「人と本との出会い」の新しいカタチを創造する

古本というコンテンツを軸として、乾いた世の中に潤いを与えられるようなサービスを提供していきたい

株式会社 紫式部

代表取締役　河野　真

出版後に一度誰かの手に渡った本を総称して「古本」と呼ぶ。古本には新刊本にはない様々な魅力がある。例えば、「絶版になったレアな本でも手に入れることができる」、「本の表紙や言葉の言い回し、製本の仕方などからそれぞれの時代を感じることができる」、「子供の頃に読んでいた懐かしい本に出会うことができる」など……。また本によっては非常に価値のあるものもあり、アメリカでは古本一冊に14億円という値がついたこともある。

そんな、奥深い古本の魅力を多くの人に伝えようと奮闘しているのが株式会社紫式部代表取締役の河野真さんだ。古本検索サイト『スーパー源氏』を中心に、時代に即応した独創的なサービスで古本業界に新風を巻き起こしている。

「20世紀は生産性や効率性、スピードを追求し、あらゆることが合理化の対象となりました。今では何をするにも便利な世の中になりましたが、一方で人の心は豊かになったでしょうか。発達した技術やテクノロジーに翻弄され、私には人の心が豊かで満たされている風には見えません」

河野社長は、〝古本を通して人の心を豊かに〟という企業理念を立て、日夜試行錯誤しながら本に関わる事業と真摯に向き合っている。

苦難に満ちた河野社長の子供時代を救ったのは「本」

「古本屋を始めたい」という女性からの相談が転機に

元々事務機器大手リコーのサラリーマンであった河野社長。脱サラをして会社を興したのは今から24年前の平成8年だった。リコー時代、システム販売本部、SI事業部を渡り歩き、社長賞を貰うなど優秀な成績を残していた。しかしシステム開発事業部配属時代は新規事業も失敗に終わり、会社が赤字に転落。

これを機にリコーと日本IBMの合弁会社であるライオス・システムというベンチャー企業へ出向となった。「画像処理などパソコンソフトの会社でしたが、社内連絡は全て電子メールで行うなど、当時は画期的だった電子システムを導入していて、とても刺激的で面白かった」と振り返る。

ここでの仕事は順調だったが一方で、「会社勤めだけの人生は物足りない。会社以外で何か社会と接点を持てる活動ができないか……」という想いも募らせていた。そんな時、河野社長に人生のターニングポイントともいえる出来事が起こる。

きっかけは、「横浜いのちの電話」というボランティア団体への参加だった。会社勤務の傍ら、この団体の活動に従事していた河野社長は、ここで知り合ったある女性から『古本屋を始めたい』という相談を受けた。河野社長は本の仕事に携わることに何の抵抗もなかった。むしろ、運命的なものを感じていた。というのも河野社長は子供の頃、父親がギャンブルに嵌まり多額の借金を作るなどしたことから親が離婚。長年母親との2人暮らしだったが、貧乏な生活で学校でもいじめられるなど苦難の連続。そんな河野社長を救ったのが本だった。

「家や図書館で物語や小説、偉人伝、科学読み物などあらゆるジャンルの本を読み漁っていました。本を読んでいる間だけは現実を忘れて、楽しい時間を過ごすことができたんです」

そんな想いもあって、二つ返事で引き受けた河野社長は、「古本屋の在庫ネットワークを構築できれば人と本の素敵な出会いの場を作ることができるのではないか」と考えた。

これまでの自らの経験と知識を総動員して、平成7年に書店の在庫をデジタル化し、顧客の検索に応えるシステム『スーパー源氏』を開発した。翌年には、古本屋を始めたいと相談された女性とともに有限会社紫式部を設立、河野社長40歳での新たな挑戦が始まった。

利用者からの感謝の声が仕事の原動力に

平成12年に脱サラして古本事業で新たなスタート

今でこそインターネットを検索して本を購入するというのは当たり前になっているが、インターネットの普及が進んでいなかった当時は、本は書店で買うものというのが世間の常識だった。「購入できる本の種類を増やそうと、全国の古書店を回って『スーパー源氏』への加盟をお願いしたが、相手にされないことが多かった」

しかし河野社長の地道な活動とその後のインターネットの普及により、『スーパー源氏』の加盟店は少しずつ増加。平成10年頃には『スーパー源氏』から古本を買う人も増え、売り上げが伸びていった。

「ご利用頂いた主婦の方から、『子供が小さいので古本屋さんを回る時間が取れない。このサービスは凄く良かった』という声が寄せられました。またあ

三省堂書店神保町本店正面玄関では年間4～5回定期的に古本の即売会が開催されている

る男性からは、『祖父が書いた本を手に入れようと、10年以上もあちこちの古本屋を巡っても見つかりませんでした。しかし、スーパー源氏の検索サイトで祖父の本をすぐに手に入れることができた』というお声を頂きました。こうしたお声を頂くことで、世の中の役に立っているんだということを実感できてとても嬉しかった」

この2つの感謝のメールは、今でも河野社長が仕事を続けていく上での大きな原動力になっているという。

古本業務がだんだんと忙しくなり、さあこれからという状況だったが、河野社長の本業は会社勤め。こちらをおろそかにする訳にはもちろんいかず、古本業と会社勤めの2足のわらじで多忙な日々を送っていた。しかし無理がたたって体調が悪化。両立していくことの難しさを痛感した。

当時河野社長は、家のローンと中1と高1の2人の子供がいて何かとお金のかかる時期だった。「家族を養っていかなければならないという点においては、会社勤めを続ける方が安心でした。しかし、古本業も軌道に乗ってきていただけに、一回きりの人生、自分のやりたいことをやろうと紫式部に専念することを決意しました」

家族を説得して、平成12年にリコーを退社。同年独立して、古本事業一本で新たなスタートを切った。

経営のピンチをITを駆使した総合サポートで脱出

リアル店舗とネット販売の両方で古本販売網を構築

独立してしばらくは順調だったが、平成16年からアマゾンや楽天、ヤフーといった大手サイトが古本などの中古販売事業に進出。これを契機に『スーパー源氏』への加盟店が減少するなどし、大きな打撃を受けた。

立て直しを図るべく知恵を絞った河野社長は、既存の古本検索サイトの運営だけではなく、加盟書店向けに、ウェブサイトの制作やアクセス解析、会計支援、送料の割引サービスといった大手がやらない総合サポートサービスの提供に力を注いだ。

三省堂書店神保町本店 4F の三省堂古書館。全国のスーパー源氏参加店の中から 25 店舗の特徴ある古本屋が出品している

結果、『スーパー源氏』への加盟店は増えていき、再び経営を上昇気流に乗せることに成功した。平成18年には有限会社から株式会社へ。同20年には書店大手の三省堂書店と取引を開始し、翌年から三省堂書店の複数店舗にて古本の常設コーナーが設置されるなど、加盟店が取り扱う古本を、リアル店舗でも販売できる体制を構築していった。

今ではこうしたリアル店舗での常設販売に加え、期間限定の古本フェアでの販売。『スーパー源氏』の加盟店も、北海道から鹿児島までおよそ300店を数え、本と人が出会う場を確実に増やしている。

「本屋、とりわけ古本屋は今どんどん数が減りつつありますが、本を求めるニーズはいつの時代も必ずあります。人が求める本をすぐに手に入れられる環境を常に作っておくことが私の役割だと思っています」

脱サラから事業を興してがむしゃらに突っ走ってきた河野社長。そんな彼の仕事のスタンスは『前例がないからやる』というもの。

「私どものような小さな会社が大手と渡り合うには、新しいモノや価値を常に生み出していかなければなりません。今後も現状に留まることなく、常に世の中の誰もやったことのないようなことを考え、導入していきたい」と真っ直ぐに前を見据える。

家にいながら本屋で買い物。『見れるジャン！読めるジャン』

かながわシニア企業家ビジネスグランプリ2020優秀賞を受賞

独自の道を突き進もうと奮闘する河野社長。新たな取り組みとして、全国のブックカフェ事業を支援する『日本ブックカフェ協会』、江戸の文化や歴史を学べる『江戸樂舎』、読書の楽しさを伝えるための『全国読書推進協会』のＷｅｂサイトの運営も行っている。

さらに令和２年９月から新たなサービスを始めた。それが『見れるジャン！読めるジャン！』というサービスだ。「これはスマホやタブレット、ＰＣを通して実際の書店棚をリアルタイムで見て立ち読みや購入ができるというサービスです。ネットで本を買う場合って既に買う本が決まっている場合がほとんどだと思うんです。でも実際の本屋に行く楽しみって、新しい本との出会いなんです。予定になかったけど、表紙やさわりの部分に惹かれて買うなどですね。そうした実際の書店で本を選んで買う楽しみをネットでも味わうことが可能になるシステムです」

画面に映る棚の中の本をクリックすると、すぐに中身を読むことができる。ページ送りも本物の本さながらにリアルで、本当に本を読んでいるような感覚が味わえる。

「遠くにある実際の書店棚を見て買い物ができる。まだどこもやっていないサービスだと思います」と胸を張る。

河野社長が考案した『見れるジャン！読めるジャン！』サービスは、かながわシニア企業家ビジネスグランプリ２０２０で優秀賞を受賞。中小企業庁ものづくり補助金交付事業にも認定され、特許も出願中だ。「今回の受賞が、本に関わる全ての人の励みになってくれればと願っています」と瞳を輝かせる。

「本と人が触れ合える場をつくりたい」

図書館つきレンタルスペースという斬新な取り組み

河野社長の新たなことへの挑戦はこれだけに留まらない。〝人の心を豊かに〟という企業理念のもと、令和２年７月から、レンタルサロンの運営も始めた。

「アロマやエステ、整体などの施術スペースとして提供しています。癒しや健康も人の心の豊かさに繋がっていきますから」

さらに河野社長は、「このサロン向けのスペース提供サービスを、本の分野でも応用できないかと考えています」とも。

「新型コロナ禍を機に自宅で仕事をする人が増えていますが、色んな環境や事情によっては、自

書泉グランデ神保町店では年間数回テーマを絞った古書フェアを開催。（鉄道、オカルト、相撲、漫画などの特化型フェア）

宅でなか仕事できなかったり、集中できない人も多いと思うんです。そこで、プライベートに配慮したレンタルの仕事スペース提供事業の準備を進めています」

河野社長はこのレンタルスペースにミニ図書館を設置しようと画策している。「仕事や勉強の合間に仕事のヒントになるものや気分転換になるようなものなど、様々なジャンルの本を取り揃えて、本と人が触れ合える場にもできればなと。本が活きる場をワークスペースとともにつくることが当面の私の目標でしょうか」

今年64歳となった今でも、「人生は学びの連続」と、同じく実業家として活躍する息子にSNSの活用法を貪欲に学ぶなど、人一倍の好奇心と向上心をもつ。

「世の中デジタル化が進み、コロナでさらにその動きが加速し、仕事の様式や進め方も変わってきたように思います。世の中の変化に対応しながら、古本というコンテンツを軸として、乾いた世の中に潤いを与えられるような、そんなサービスを世の中に提供していきたいですね」

穏やかな人柄と優しい笑顔が印象的な河野社長。心豊かな社会を実現すべく、今後も奮闘を続けていく。

President Profile

河野　真（こうの・まこと）

昭和31年生まれ。鹿児島県出身。早稲田大学政経学部在学中、横浜港からジェルジンスキー号で旧ソ連（現ロシア共和国）のナホトカへ渡航。ハバロフスクからシベリア鉄道でモスクワ、レニングラード等を放浪。ドストエフスキーの生家を尋ねたりロシア文学の足跡を辿りながら社会主義国家の実態やロシア文学の系譜を見聞する。

大学卒業後、株式会社リコーに入社。システム販売本部、ＳＩ事業部、システム開発事業部、ライオスシステム出向などを経て平成10年、東京支店ネットワークソリューションセンター課長。平成12年リコーを退社。同14年有限会社紫式部の代表取締役に就任。同18年株式会社へ改組

Corporate Information

株式会社 紫式部

株式会社 紫式部
MURASAKI SHIKIBU Co., Ltd.

所在地	〒231-0004　横浜市中区元浜町3-21-2　ヘリオス関内ビル4Ｆ TEL 045-222-8263　FAX 045-222-8296 URL　https://murasakishikibu.co.jp/ ◉東京支店 〒105-0013　東京都港区浜松町2-2-15　浜松町ダイヤビル2F TEL 03-6695-6800　FAX 0800-800-7063
設立	平成8年6月（創立平成7年）
資本金	1700万円
従業員数	4人
事業内容	日本初の古本・古書検索サイト「スーパー源氏」、ブックカフェ、江戸を楽しみ江戸を学ぶ「江戸楽舎」
企業理念	人と本の出会いの場、そして本を愛する人と人との架け橋となれることを目指しています。

物流包装をトータルプロデュースするオンリーワン企業

企画・開発から生産まで、省力化とトータルコスト低減を追求

変化をする時必ず一瞬の〝きらめき〟があります。
経験に基づく直感でそれを捉えれば、間違いなく進化できます

株式会社 ヨシザワ

代表取締役社長　吉澤　健

三重県の北部に位置する鈴鹿市は、伊勢湾と鈴鹿山脈に囲まれた自然豊かな地域だ。第2次大戦中には鈴鹿海軍航空工廠や陸軍北伊勢飛行場、気象観測部隊、航空通信隊、陸軍病院などの施設が設立された。戦後は軍跡地への工業導入が進められ、繊維、自動車、電機、化学などの大工場が立地し、四日市市に次ぐ工業都市となった。またF1日本グランプリで世界的に有名なレーシングコース「鈴鹿サーキット」があり、モーターレースの聖地としても知られる。

この鈴鹿市で三代にわたり工業用の物流容器や様々な包装資材の商品開発・製造・加工を行い、業界で確たる地位を築いてきたのが吉澤健社長率いる株式会社ヨシザワだ。最近ではこれまで培ってきた加工技術を活用して新型コロナウイルス感染防止用のフェイスシールドを開発。鈴鹿市の小中学校に配布されたほか、役所や総合病院、歯科医院などにも寄贈している。新型コロナウイルスの飛沫感染防止として、医療機関や接客業向けの一貫生産方式によるヨシザワのフェイスシールドが脚光を浴び、三重県はもとより、全国に広く提供してその存在感は増す一方だ。

物流容器、物流包装をリードする先進企業

社内一貫生産でクライアントの多様なニーズに対応

株式会社ヨシザワは物流容器の企画・提案、金型製作、シート製造から成形加工、製品の梱包・配送など多岐にわたるサービスを展開。業務をトータルに請け負う社内一貫システムで、多様化するクライアントのニーズにきめ細やかに対応している。物流包装の省力化、省エネ化とコストダウンを追究し、地球環境保護や資源のリサイクルにも積極的に取り組んでいる。

創業当時はレンガつくりを行っていた

プラスチックなどの物流容器の製造には真空成形を用いる。ポリプロピレン（ＰＰ）やポリエチレンテレフタレート（ＰＥＴ）などのシート素材を穴の開いた金型に当て、熱を加えた後に穴から空気を抜き出して真空状態にする。金型にぴたりと密着したプラスチックシートを冷却し、外せば容器の完成だ。真空成形のメリットはイニシャルコストが安く、小ロットから大ロットまで柔軟に対応でき、量産開始までのスピードが速いことだ。しかし肉厚が均等ではなく、０・１ｍｍ刻みの高い精度が要求される製品には不向きだ。プラスチック容器の製造には、真空成形のほかに射出成形がある。ペレット状のプラスチックを溶かして金型に流し込む。その後は真空成形と同じく、冷やして金型から外せば出来上がりだ。こちらは肉厚が均等で細かい部分まできれいに仕上がるが、金型製作にコストがかかる。ヨシザワでは真空成形、射出成形の双方をクライアントのニーズに応えて柔軟に使い分けている。金型製作から製品出荷までの全てを自社で一貫対応しているからこそオールマイティーな対応が可能なのだ。

設立から47年、時代のニーズを敏感にキャッチし発展を続ける

祖父・父から会社を引き継ぎ、新たなステージへ

吉澤社長の祖父・登氏が昭和36年にヨシザワを創立した当時はレンガの製造を行っていた。鈴鹿市は良質の粘土が採れたため、レンガ造りは古くから代表的な地場産業の一つだった。レンガ産業は昭和30年頃に最盛期を迎えたが、以後は需要が減少していった。レンガ産業の衰退を察知した登氏は、レンガを出荷する際に使う「縄」に注目し、自社で生産を始めた。包装資材を扱うようになったきっかけだ。やがてその縄も廃れ、プラスチック（ポリプロピレン）製バンドがメインになった。登氏は縄から様々なプラスチックや発泡スチロールの緩衝材加工販売へと業務の幅を拡大していった。吉澤社長は登氏の人となりについてこう語る。

「祖父は世の中の変化に機敏に対応できる経営者で、一つのことをやりきるとすぐに次のことを考えていました。新しい物に躊躇なくチャレンジするタイプでした」

祖父の口癖は「この家を守っていってくれよ」というものだった。その言葉は幼い吉澤社長の心に深く刻まれた。エネルギッシュな初代に対し、二代目社長である父親の茂氏は、堅実に会社の土台を固めていった。

「父は若い頃から大阪へ修行に出されるなど苦労をしてきました。祖父の後を継いでしばらくの間は低迷期が続きましたが、真空成形を始めてから業績は上り坂になりました。しかしその時にがんを患っていることがわかり、急遽、私が会社勤めを辞めてヨシザワに戻りました」と吉澤社長は振り返る。

幸い茂氏のがんは寛解しこれまで内部留保していた資金で一気に設備投資を断行した。

「倹約家だった父がここまで思い切るとは」と吉澤社長は驚いたという。それだけ後を託した吉澤社長への期待が大きかったのだろう。

吉澤社長は2歳で水腎症を患い、10時間に及ぶ手術を受けたという。そのためもあってか小学生の頃は大人しい子供だったというが、中学時代は卓球部に所属し東海大会に出場するなど、心身ともに非常に活発にふるまった。やがて進学校として有名な津高校に進み、京都大学工学部工業化学科に現役合格を果たす。卒業後は三菱重工株式会社に入社し、産業機械の設計士として活躍した。26歳で実家の家業を継ぐことになったが、以来今年で20年が経過した。

独創技術で新型コロナ対策用のフェイスシールドを開発

他社製品には見られない高いフィット性と軽さが好評

令和2年5月初旬、ヨシザワは新事業をスタートさせた。新型コロナウイルス対策を目的とした、飛沫感染を防ぐフェイスシールドの製作だ。きっかけはあるシニア従業員の「個人的に使いたいからフェイスシールドを作ってほしい」という一言だった。

「本業以外の業務をするのは軸がぶれそうで気が進みませんでした。でも弊社はPET材やクッション材などフェイスシールド製作に使える材料を扱っているし、そこそこのものはできるだろうと開発部門に依頼しました」

軽い気持ちで取りかかったが、できあがった試作品はかなり高レベルなものだった。「飛沫感染防止が必須の歯医者さんに持っていくと、『ぜひ作ってほしい』と好評だったので100個ほど作って寄贈しました。続いて鈴鹿市に話をしたら、教育委員会から『市内の小中学校に配りたい』と言われました」という。そこで吉澤社長は本格的な商品化に向けて改良を重ね、メイド・イン・ヨシザワのフェイスシールドが完成。着けた人は皆、圧迫感や視界のズレなどの違和感が全くないことに驚いた。着け心地の良さの秘密は、他社製品には見られない高いフィット性と軽さだ。額に接するポリエチレン製のクッションに開けたレンコン状の穴が柔らかいしなりをもたらして過度な圧迫が避けられる。そしてこの穴は、呼吸によるシールドの曇りを軽減する効果もある。現在特許を出願中だ。

フェイスシールドの完成度を高めているのは、ヨシザワ独自の数々の技術の集積だ。吉澤社長のもとには、『柔らかいクッションをどうやって綺麗にプレスで抜くのか?』、『クッションはどうやって半円状に接着するのか?』、といった多くの質問が寄せられている。

これに対して吉澤社長は、「これら全ての技術に今まで培った加工ノウハウが詰まっています。簡単に真似はできないと確信しています」と胸を張る。大人用・子供用（ともに３５０円）、ＵＶカット（４００円）、災害備蓄用（１８０円）など、多様なバージョンを用意（いずれも本体価格）しており、三重県から補助金が支給されるなど多方面から大きな期待が寄せられている。

フェイスシールドの新事業が進むにつれ、最初の違和感がなくなっていったという吉澤社長。「新型コロナ禍でどこも厳しいと思いますが、弊社もメイン事業の売上は7割程度にダウンしました。しかしこんな時こそ新しいことに取り組みたい。希望を

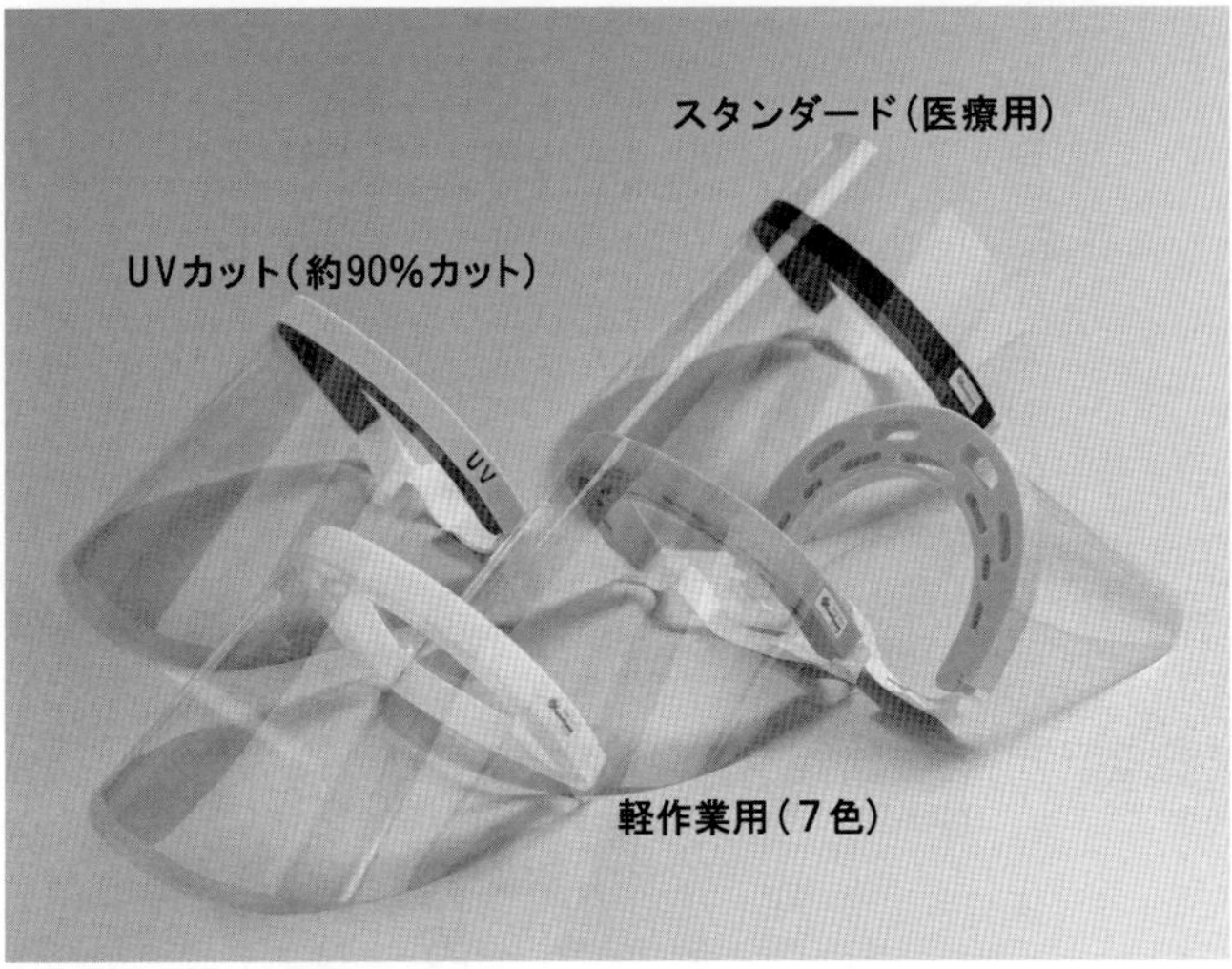

当社の新製品、飛沫感染を防ぐ「フェイスシールド」

持って仕事ができる環境を作ってあげたいと思います。この新事業を始めて良かったと実感しています」と噛みしめるように語る。

無理難題をクリアして超大手企業から信頼される存在に

「苦労をともに」を社是に、会社が一丸となって困難に挑む

吉澤社長はヨシザワ入社後、物流容器の設計士としてスタートし、続けて営業を約8年担当した。この間ほぼ三重県内のみだった取引先を愛知県、滋賀県、大阪府まで広げた。さらに現場作業を経て社長に就任したが、最もつらかったのは営業時の納期対応とクレーム処理だという。特に超大手メーカー、H社とK社との取引では今も忘れられない苦労をしたそうだ。

「H社は納期とコストに非常に厳しい会社でした。通常なら一週間かかる金型製作を3日で、しかも製品は全部100円均一で作れないかと言われました。この条件をクリアしないと仕事は増やせないといわれ、非常に苦しい思いをしました」と振り返る。従業員からは「そこまでしなければならないのか」、「そんな取引は止めよう」と反発する声もあった。しかし「このまま引き下がるのは悔しい。やってやろうじゃないか」と覚悟を決めた吉澤社長は、H社と打ち合わせを重ねながら要求通りの条件で製品を完成させた。それ以来H社から大量の注文が寄せられるようになり、現在も安定した受注が継続しているという。吉澤社長は「H社は私たちの覚悟を試していたのかも知れませんね」と苦笑する。K社は品質に対する要求が並外れて高く、納めた製品に異物がついていると何度もやり直しをさせられたり、遠方まで検品に来いと言われたりしたそうだ。

「ある時、あまりにも異物混入のクレームが続くので調べてみると、中国から取り寄せた素材（プラスチックダンボール）に問題があることが分かりました。素材に原因があったのではいくら当社が頑張っても解決できない。そこで思い切って素材自体を当社で作ることにしました。このため1億円以上もする機械を購入しました」と吉澤社長は当時を振り返る。この結果、K社の強い信頼を得て長い付き合いが始まった。この時素材の製造にまで足を踏み入れたことが、ヨシザワオリジナルの「プラフルート」という商品開発につながっていった。その後「プラフルート」はかなりのヒット商品となる。プラスチックダンボールの素材製造メーカーは令和2年現在、ヨシザワを含め全国で4社しかないという。

時代の変化に機敏に対応し常に進化する企業へ

苦労の後の幸せなひと時を全従業員と分かち合いたい

「苦労も努力もなしに物事が良い方向に向かうことはありえません。苦労をすれば必ず後から報われる、きっとうまく改善できると言い聞かせて頑張ることが成功への一番の近道だと信じています」と熱く語る吉澤社長。さらにその苦労は「私だけの苦労でなく、ともに働き同じ釜の飯を食う仲間と分かち合う苦労が大切なのです」という。

ヨシザワは現在F1ファンの聖地・鈴鹿サーキットの側に新工場を建設中だ。約1万4、000坪の敷地に本社と既に2つある工場、倉庫を集約する。完成は令和4年の春を予定しているが、吉澤社長は「賭けに出てみました」と屈託のない笑顔を見せる。投資額は数十億円に上るが、新工場

吉澤社長の就任祝賀会の模様

建設に踏み切った理由には、大学1年生の長男を筆頭にした3人の息子たちも関係しているという。「商売について学びたい」と商学を専攻した長男は吉澤社長にとって心強い存在だが、新工場建設は長男への生きた教材ともなる。過去の実績と伝統に満足することなく新たなチャレンジを続けるヨシザワだが、変化には常にリスクが伴う。それでも吉澤社長が歩みを止めないのは、変化を拒めば退化が始まると知っているからだ。

「変化し続けるのはかなり気力のいることですが、進化するためには避けられません。変化をする時必ず一瞬の〝きらめき〟があります。経験に基づく直感でそれを捉えれば、間違いなく進化することができます」と言い切る。吉澤社長は自らの役割を「全ての従業員が仕事を面白いと感じ、やりがいを持って一生懸命に打ち込める環境を作ること」だと考える。

「積極的に従業員を巻き込んで、ともに苦労をして、その後にきっと訪れる幸せなひと時を分かち合いたいのです」と瞳を輝かせる。パイオニアとしてチャレンジを忘れない経営者としてのDNAは祖父から父、そして息子へと確実に受け継がれていく。さらなる進化を目指して吉澤社長の挑戦は続く。

President Profile

吉澤　健（よしざわ・つよし）

昭和 49 年生まれ。三重県出身。
平成 9 年京都大学工学部工業化学科卒業後、三菱重工業株式会社入社。同 12 年株式会社ヨシザワ入社。設計・営業・製造などを担当し、平成 30 年に祖父、父に次ぐ三代目として代表取締役社長に就任。

Corporate Information

株式会社 ヨシザワ

所在地	〒 513-0803　三重県鈴鹿市三日市町 1823 番地の 1 TEL　059-382-3323　FAX　059-382-3324 URL　http://www.yoshipack.co.jp/ ◉玉垣工場 〒 513-0816　三重県鈴鹿市南玉垣町 6499 番地 TEL　059-381-5677　FAX　059-381-5678 ◉関東出張所 〒 359-0002　埼玉県所沢市大字中富 1400-1（小泉運輸株式会社内） TEL　04-2941-4586　FAX　04-2941-4587
設立	昭和 50 年 4 月
資本金	8,000 万円
従業員数	160 人
事業内容	物流容器の企画・提案、設計・開発、金型製作、真空成形、及び容器内材の製造販売、プラフルート（プラダン）・リミエール（A-PET シート）の製造販売、一般包装機械の販売、一般包装資材の販売。
企業理念	1．寛大かつ寛容な心を以って行動し、人様の役に立てることを一番の喜びとする 2．〝ものづくり〟において、時には真面目に、時には面白く、熱意を持って取組む 3．困難には逃げることなく辛抱強く向き合い、それを乗り越える力を身につける 4．上下関係にとらわれ過ぎず、思いやりのある家族的な関係を皆と築き上げる 5．一人ひとりの考え方を尊重し、多様性のあるバランスの取れた組織を作り上げる 6．全員が一丸となり、〝夢ある目標〟に向かって積極的に挑戦し続ける

マスキングフィルム業界の
リーディングカンパニー

心臓外科医から経営者へ！
ものづくりを通して地域経済の活性化に貢献

お客様第一の考えを実践し、世界中から頼りにしてもらえる企業になることが目標です

吉野化成株式会社

代表取締役社長　吉野　孝典

東京都多摩地域南西部に位置する八王子市は人口約58万人で、平成27年に東京都で初めて中核市に指定された。約1、600の製造業が存在し「ものづくりのまち」でもある。また令和2年6月には、年間通して多くの観光客や登山客が訪れる霊山・高尾山が、東京都内で初めて「霊気満山　高尾山〜人々の祈りが紡ぐ桑都《そうと》物語〜」として、文化庁が認定する日本遺産に認定された。「桑都」と称され、養蚕や織物で発展してきた八王子市の歴史を、高尾山とのつながりにより、過去から現在、未来へと紡いでいく物語だ。

そんな魅力溢れる街である八王子市に、住宅やビルなどの建築物、車両の塗装などの養生に使われるマスカー・マスキングフィルム、およびポリ袋、ポリエチレン・ポリプロピレンを使用した各種製品の開発・製造・加工・生産・販売を行う吉野化成株式会社が事業所を構える。養生といえば従来は新聞紙などが用いられていたが、それだと手間も時間もかかる。これに対し、吉野化成のマスキングフィルムは手で垂直にカットでき、ペンキなどの塗料が垂れにくく、剥がれ落ちにくい特徴がある。このため幅広い業界から高い評価と信頼を得て、国内80％のシェアを誇っている。

「インフレーション成形」でフィルム製造を内製化

透明度の高いポリエチレン袋の開発に成功

吉野化成は昭和42年、吉野孝典社長の父・吉野孝氏が妻と共に創業した。創業当初はポリエチレンフィルムを仕入れ、ポリ袋を作る製袋加工業を行っていた。ポリ袋は耐久性と費用対効果の高さから高度経済成長期に急速に普及した。その重要性にいち早く注目した先代社長はまさに慧眼の士といえる。

しかし昭和48年に起こったオイルショックで石油が値上がりし、ポリ袋の材料となるポリエチレンフィルムの調達が困難になった。この苦い経験から「インフレーション成形」と呼ばれる製法を採用しフィルム製造の内製化を始めた。ポリエチレンペレットと呼ばれる粒状の樹脂をホッパーという機械に入れ、約200度℃で溶かした後、スクリューで練りながら押し出して筒状にする。空気を入れてその樹脂を膨らませながら、数ミクロンの薄さまで延ばしていく。

創業者の孝氏はポリエチレンを延ばす比率やスピードなどを熱心に研究し、クライアントの要望に合わせて品質を細かく調整する技術を考案した。数年後にはフィルムメーカーとして多くの取引先から厚い信頼を寄せられるようになる。

今では当たり前のように使われている、透明度の高いポリ袋の開発に成功したのも吉野化成だ。このようにして同社は現在に続く仕事の基礎を築き上げていった。やがてポリエチレンフィルムは、同業他社の追随が相次ぎ価格競争が熾烈となる。そこで孝氏が新たに目をつけたのがマスキングフィルムだった。マスキングフィルムは主に塗装時の養生に使われるが、当時は使い勝手の悪いものが多かった。そこで吉野化成は、独自の技術を活かして、養生をスピーディかつ簡単に行えるような画期的なマスキングフィルムの開発に取り組んだ。

独自の内面処理技術を施した「スーパーコロナマスキングフィルム」

建築塗装で、1時間要していた養生を3分に短縮

当時のマスキングフィルムは使い勝手が悪く、「フィルムの表面についたペンキが垂れて現場を汚す」、

「ハサミでカットするため作業に時間がかかる」などの不満が顧客の間で上がっていた。

そこで吉野化成はまずペンキが垂れる問題を解決するため、フィルムの表面に小さな傷をつけ、凹凸をつける処理を行った。その傷にペンキを入り込ませ垂れにくくする仕組みだ。

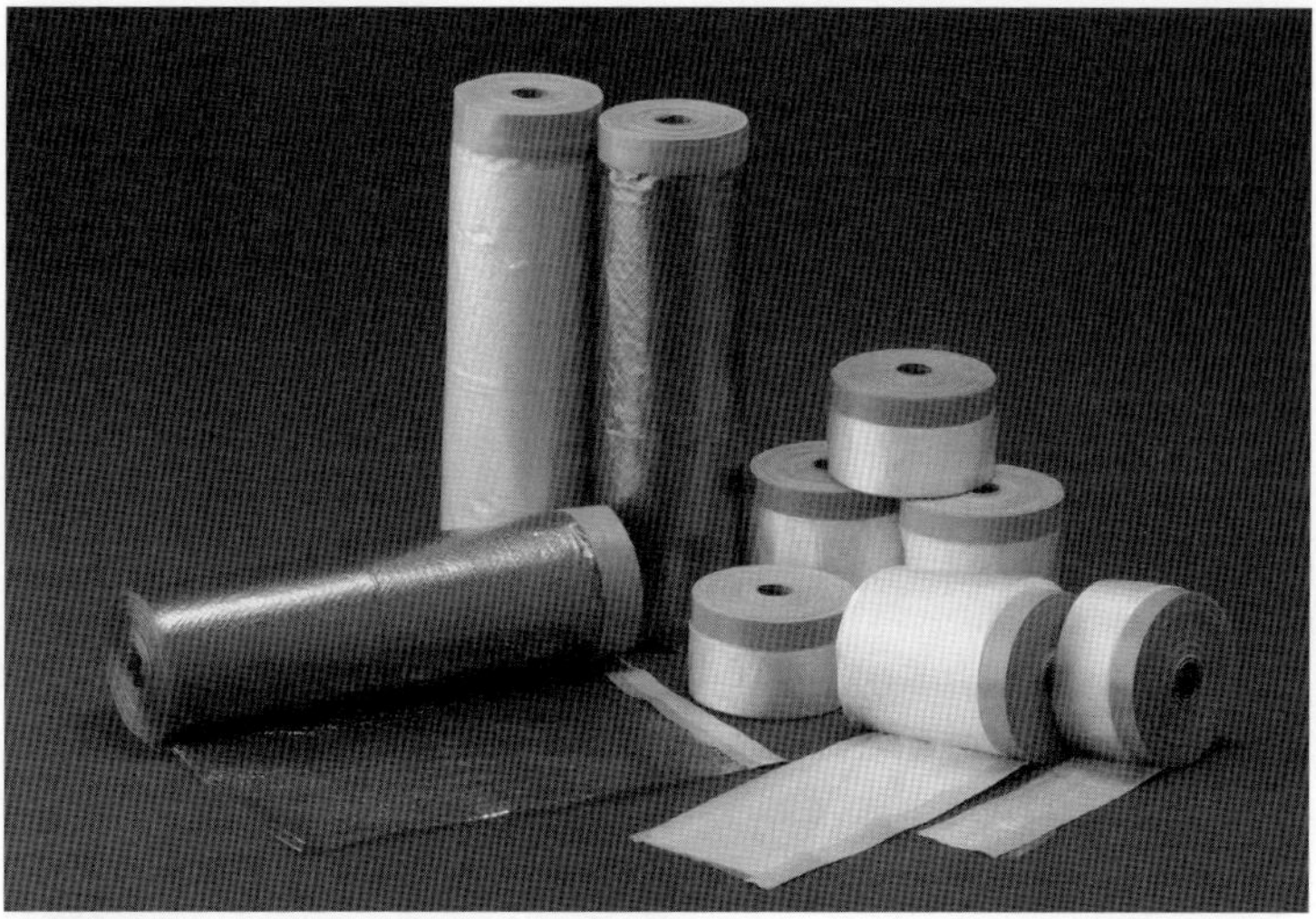

吉野化成オリジナルのフィルムを使用したスーパーコロナマスカー

ポリエチレンフィルムはチューブのように巻いた状態で製造され、それを切り開いてシート状にするため、外側はともかく内側の加工は難しかった。内面にこの処理を行うための手法を探索していたところ、この技術で特許を保有している大手化学メーカーにたどり着いた。熱心な交渉の末に吉野化成は同社から独占的使用権を得ることができた。さらに成形の方法を工夫し、ハサミを用いることなくフィルムを手で簡単に垂直に切れるようにした。こうした二つのメリットが認められ、独自の成形、内面処理を施した「スーパーコロナフィルム」は徐々に人気が出始めた。

例えば建築塗装の場合、従来のように新聞紙で養生すると1時間かかっていた作業が、3分程度で養生が完了する。

吉野化成オリジナルのフィルムを使用した「スーパーコロナマスカー」は多くのユーザーから受け入れられ、数年後にはヒット商品に躍り出た。

父の想いを受け継ぎ、ものづくりの現場へ飛び込む

事務作業の効率化など社内に新風を巻き起こす

創業社長である孝氏の後を継いだ二代目の吉野孝典社長は、前職が心臓外科医という異色のキャリアを持つ。吉野社長は「いずれは自分が後を継いで社長になるのだろう」と子供心に思いながら成長した。しかし高校3年時、以前から憧れていた医師になるため医学部進学を決意する。

『男なら父親を超えなければいけない』と思い立ったんです。マスカーのおかげで会社の規模が大きくなっていて、父と同じ土俵では勝てない、自分でゼロから何かを成し遂げたいと思いました。この選択を母は応援してくれましたが、父は言葉にはしないもののがっかりしていましたね」と述懐する。医学部に進学後は勉学に、部活にと充実した毎日を送っていたが、5年生の時に孝氏が心臓弁膜症の手術をすることになった。それをきっかけに吉野社長は心臓外科を志した。

当時一人暮らしをしていた吉野社長が実家に帰るたびに、父はひとしきり会社の話をし、最後に必ず「会社を継ぐ人がいないから、最後は売却するしかないな」とポツリとつぶやく。医師を辞めてくれとは決して言わない分、余計に父の気持ちが心に響いたという。

吉野社長も会社を継ぐかどうか悩んでいた。医師の代わりはいくらでもいるが、吉野化成を継げるのは自分しかいないという想いが年々強くなっていったのだ。やがて医局を辞めて会社を継ぐ決心をする。平成10年、吉野社長31歳の決断だった。吉野化成入社直後はものづくりの現場を知るため工場で働き、約1年半後に事務職に異動した。そこで目にした光景に吉野社長は愕然とする。パソコンが各家庭にまで普及していたにも関わらず、経理をまだ電卓、中には算盤で行っている社員

がいたのだ。危機感を覚えた吉野社長はすぐに事務作業の効率化に着手。受発注、生産管理、販売、在庫管理までを一元化できるソフトを独学で作成し、事務作業の効率化に大きな成果を挙げた。社内に新しい風を吹き込んだのである。さらに、それまで口伝えで行われていた仕事の進め方をマニュアルとしてまとめ、業務の標準化を図るためにISO取得に取り組んだ。しかし取得に700万円ほどの経費が必要と知った父は、「直接の利益にならないことに大金をかけられない」と反対した。ISO取得計画は頓挫しかけたが、東京都の助成金制度の申請が受理され経費はそれでまかなうことができた。吉野社長の必死の努力に先代は、「そこまでやるならお前に任せる」と了承してくれた。

しかしISO取得を目前に控えたある日、孝氏が脳梗塞で急逝してしまう。製造や技術、経営管理などは経験したが、営業や顧客についてはまだこれからという時期に起こった突然の悲劇だった。

顧客への誠実さとスタッフの団結力が成長のカギ

経費削減と従業員の意識改革で危機を乗り越える

父の死で急遽、社長として重責を担うことになった吉野社長だったが、「営業は全て父が担当していたので、葬儀に来ていただいた取引先の方にお会いしても名前と顔が一致しませんでした。これはいけないと、葬儀の翌日から全国の取引先に向かいました」と当時を振り返る。取引先を訪れた吉野社長に対し、「今頃、何をしに来たのか。入社した時にすぐに来るべきだ」と厳しい言葉を浴びせたり、「医者を辞めて町工場を継ぐなんてバカじゃないのか」と揶揄したりする声も少なくなかった。さらに先代が亡くなったと知った競合他社の営業攻勢もあり、売上が7割まで落ち込ん

製品情報をデータ管理することで製造ロス率を極限まで抑えた「マスキングフィルム製造機」

だ時期もあった。この苦しい期間を吉野社長は、「従業員には絶対に迷惑をかけない」と自らに言い聞かせて乗り切った。

「経営者の仕事はまず社員の生活を守り、そのうえで利益を上げることなので、リストラだけは絶対にやりたくなかった。このため徹底的に無駄を省いて経費削減に努め、従業員の意識改革も行いました」

業務効率化の一例として吉野社長は、「マスキングフィルム」製造時に製品の重さや製造条件をデータ化し、製造機械に登録する仕組みを開発した。これによって製造のロス率は従来の7%程度から2%以下まで下がり、不良品発生率の低さは業界トップクラスとなった。また従業員の意識改革では挨拶を徹底した。

「社内での第一声は『お疲れ様です』としました。医局時代の経験から得た気づきですが、挨拶は相手を尊敬し、円滑に仕事を進めるための基本です。一生懸命注文を取ってきた営業に対し、現場が値段や納期に文句を言ってはうまくいきません。大切なのは『お疲れ様です』に込められた相手への思いやりや労りです」

業務効率化と従業員の意識改善が功を奏し、1年後には利益率が前年を上回った。こうした吉野社長の活躍を長い付き合いの取引先も評価したのだろう。後に原油価格が高騰して取引先を訪れて値上げ交渉をした際に、当初吉野社長に厳しく当たってきた得意先の社長は快諾した上で、「かなわんな、あんたもええ商売人になったな」と言葉をかけてくれた。

「やっと認めてもらえたと、帰りの地下鉄の中で嬉し泣きしました。お客様だけでなく、父にも認めてもらえたような気がしました」と吉野社長。『元医者の二代目に町工場の社長が務まるのか』と白い目で見られた時期を乗り越え、経営者として父と肩を並べた瞬間だった。

地域活性化のリーディングカンパニーとして期待

「停滞は退歩なり」を理念に開発力と技術力を向上

吉野社長は事業の継承に加えて新たに自らの理想を形にしていきたいと意気込む。その1つがM&A（合併・買収）による事業拡大だ。

「当社と同じように、独自の技術を保有して利益率の高い会社を取り込み、売上を伸ばして利益率を下げないという原則を維持して事業拡大を図っていきたい」とM&A戦略を語る。

平成20年に、産業排気処理装置の開発・設計・販売を手がけるサンテクノ株式会社を初めて買収した。同社は東京・秋葉原に本社があり、主にプラントで排出される粉塵やオイルミスト（空気中に浮遊する微粒子状の油）、白煙などをきれいにする電気集塵《しゅうじん》機を製造している。後継者不在に悩んでいたが、吉野化成グループとして集塵装置や白煙処理装置などの製造分野に進出している。

M&Aは同業種あるいは類似のビジネスで行うケースが多いが、吉野社長は異業種にこだわる。

主に工場で排出される粉塵やオイルミスト、白煙などをきれいにする電気集塵機

原油価格の影響をダイレクトに受けるマスカー・マスキングフィルム製造とは異なる事業を行いたいからだ。このM&Aによって、約12億円の売上高を将来的に約30億円まで引き上げたいと考えている。精力的に活動を続ける吉野社長の座右の銘は「停滞は退歩なり」である。医局時代、主任教授に常に言われていた言葉だ。

「周囲が進歩していく中で、停滞することは相対的に退歩していくことと同じという意味です。この言葉を会社の理念として、開発力と技術力の向上に役立てています」と熱く語る。

地域、顧客、社員から頼りにされ、さらに地元八王子市の産業を活性化する存在になる―というのが吉野社長の目標だ。そのため八王子商工会議所工業部会において「次世代工業研究会」を創会し、初代会長を務めるなど、地域でのものづくりに力を入れている。吉野化成はグループのサンテクノとともに、海外での事業展開を視野に入れ、世界から頼りにされる企業を目指している。

「『ものづくりに悩んだら、八王子に行けば何とかなる』と言われる地域にしていきたい」と未来像を描く吉野社長だ。地域経済活性化のリーディングカンパニーとしてものづくりの新たなステージを描きつつある。

President Profile

吉野　孝典（よしの・たかのり）

昭和 41 年生まれ。東京都出身。日本大学医学部を卒業後、心臓外科医として活躍。
平成 10 年に吉野化成株式会社に入社、平成 13 年社長に就任。
メイン事業であるマスカー・マスキングフィルムの製造・加工などに加え、M&A 事業を展開。高い技術を持ちながら後継者問題に悩む企業を支えている。また地元八王子市の産業活性化を目標に、地域活性化にも力を入れる。
八王子商工会議所副会頭。大本山高尾山薬王院の役員（参与）もつとめる。

Corporate Information

吉野化成株式会社

吉野化成株式会社
YOSHINOKASEI Co.,Ltd.

所在地	〒 192-0154　東京都八王子市下恩方町 1069-3 TEL 042-651-3885　FAX 042-651-9843 URL http://www.yoshinokasei.co.jp/
創業	昭和 42 年 5 月（昭和 55 年 4 月株式会社へ改組）
資本金	1,000 万円
従業員数	25 人
事業内容	マスカー・マスキングフィルムをはじめとしたポリオレフィンインフレーションフィルムの製造および加工・販売。
企業理念	停滞は退歩なり

サンテクノ株式会社

サンテクノ株式会社
SUNTECHNO CO., LTD.

所在地	◉本社　〒 101-0023　東京都千代田区神田松永町 16 番地（横川ビル） TEL 03-3252-9271　FAX 03-3252-9273 URL http://www.suntechno-inc.co.jp ◉テクニカルセンター　〒 342-0027　埼玉県吉川市三輪野江 2023 番地 TEL 048-982-1241　FAX 048-982-8904
創業	昭和 49 年 12 月
資本金	4,100 万円
従業員数	14 人
事業内容	環境改善機器の開発、製作及び販売 （大型電気集塵機、オイルミストコレクター、白煙処理装置、慣性衝突捕集装置、油水分離装置）一般産業機械、産業省力自動機械の開発、製作及び販売 金網関連商品その他の輸出入業務

外国人労働者と日本社会に橋を架ける次代の人材紹介会社

企業活性化に貢献する外国人人材のワンストップサービス

日本で働きたいと願う外国人と日本企業の橋渡しをして企業の活性化に貢献していきます

株式会社 Work in JAPAN

代表取締役　本岡佳小里

少子高齢化の進展によって15歳から64歳までの生産年齢人口の減少による労働力不足が叫ばれて久しい。人手不足で建設業やサービス業など多くの業界が深刻な労働力不足に悩んでいる。

外国人受入れ政策を見直して人材不足を解消しよう！と平成31年4月に改正出入国管理及び難民認定法（通称：入管法）が施行され、新たな在留資格である「特定技能」が追加されることになった。

それまで日本で在留資格を与えられていた外国人は、高度専門職や教育分野・研修目的など活動類型資格に分類される職業をもつ人と、地位等類型資格に分類される日本人と婚姻関係になった配偶者やその子などが主に対象とされていた。また、建設業や農林水産業など母国に役立つ技能習得を目指す実習生も滞在する権利が認められていた。

法改正された事で介護サービスや飲食店などの業種に対象が広がり、これらの企業が人手不足によって倒産する事態を防ぐことができると期待されている。

しかし、日本で働きたい外国人と人材を確保したい企業がお互いに満足できる採用は非常に難しい。大きな転換期を迎えた日本の外国人労働者の雇用環境の中で、外国人の在留資格案件に平成22年から対応し、昨年からは職業の紹介やコンサルタント事業にも力を注いでいるのが株式会社Ｗｏｒｋ　ｉｎ　ＪＡＰＡＮの本岡佳小里社長だ。

日本で働きたいと願う外国人と日本企業の橋渡し

行政書士事務所、次いで外国人人材紹介会社を設立

「働いて欲しいという気持ちも、働きたいという気持ちも国境によって止められることはできま

せん。日本で働きたいと願う外国人と日本企業の橋渡しをして、企業の活性化に貢献していきたいと思いました」本岡社長はＷｏｒｋ ｉｎ ＪＡＰＡＮの設立をそう振り返る。

Ｗｏｒｋ ｉｎ ＪＡＰＡＮは、日本で就業を希望する外国人と、外国人採用を積極化したい企業それぞれの不安を解消し、サポートできる独自の仕組みとノウハウを誇る。

生まれも育ちも大阪の本岡社長は甲南大学法学部を卒業後、法律事務所の事務員として社会人のスタートを切った。働きながら行政書士の試験に合格。平成22年に行政書士登録をした。以来行政書士として、外国人労働者が在留資格を取得するサポートを長年にわたって手掛けることになる。

開業間もなく五里霧中の状態の最中に、たまたま受けた最初の仕事が在留資格案件だったという。外国人が職業を申請し日本に滞在する権利を得る資格だ。観光目的のビザとは違って働くために滞在する資格で、該当する職業が33種類もあった。

行政書士の業務は会社法人の設立に関する手続きや役所に対する許認可申請、はたまた相続分野と多岐にわたり、一概にこれが行政書士の仕事という括りはない。本岡社長が開業したばかりの頃は周囲に、気軽に相談できるような人脈もなく手探りの中での業務だったという。

駐在していたアメリカの軍人が、除隊した後も日本に滞在したいので、どうすればいいのか、という珍しい依頼が寄せられた。

「除隊すると在留資格をとらなければ日本に住むことができないのですが、既に日本に住んでいる人にどういった手続きをとればいいのか全く分かりませんでした」

在留資格に関する文献を読み漁り、出入国在留管理庁に電話で何度も問い合わせをして何とか業務を完了したというレアなケースだった。

開業当初から孤軍奮闘しながら在留資格を取り扱ってきた本岡社長だが、その後も在留資格案件に多く携わり経験を培ってきたことで専門性を高めていくことになる。

外国人を雇った経験のない企業に外国人人材を紹介

能力と条件に相応しい職業を紹介し就職をサポート

入管法の改正によって在留資格の幅が広がったことで多くの外国人労働者が日本で働くことができるようになった。戦時中の労務動員を除けば、日本は労働力を移民に頼る事なく発展してきた世界では稀に見る先進国だ。経済が急速に成長した高度経済成長期においても欧米のように外国人労働者や大量の移民に頼ることはなく、農村地域からの集団就職や学生・主婦のパートが労働力を背負ってきた。

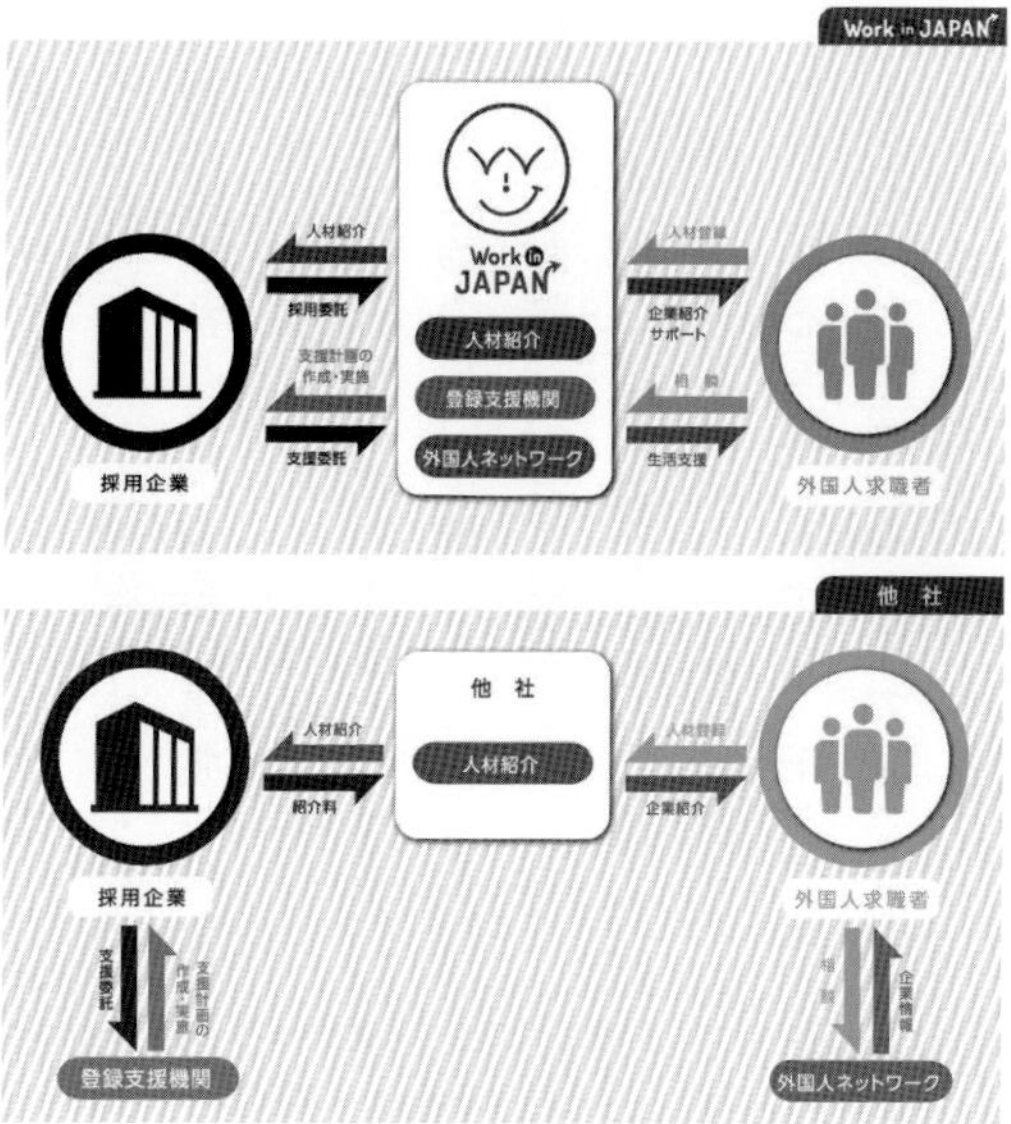

ワンストップで求職者と企業をつなげる

外国人労働者が日本で働くようになったのは、昭和61年から平成3年にかけてのバブル経済期である。フル稼働していた大手企業の工場で人手不足の対策のために外国人労働者を導入するようになった。しかし、観光目的で滞在した外国人を不法に働かせる中小企業の存在も明るみになって社会問題となった。

過去の悪例をくり返さないためにも外国人労働者が快適に働ける環境づくりが必要で、企業側にこうした踏み込んだ提案が求められる。本岡社長が設立した株式会社Ｗｏｒｋ　ｉｎ　ＪＡＰＡＮは外国人労働者と日本企業の橋渡し役を担っている。行政書士時代に本岡社長が担当してきた顧客は、高い専門知識をもついわゆる「エリート」の外国人ばかりを雇用している企業だった。そこからの依頼は在留資格を取得するという案件が多かったが、今のＷｏｒｋ　ｉｎ　ＪＡＰＡＮでは外国人を雇った経験のない企業に人材紹介を行っている。在留資格を取得する外国人労働者の能力と条件に相応しい職業を紹介し就職をサポートし、長く働くことができるように手厚くサポートするのだ。

「日本語も英語も話せないアジア諸国の開発途上国の若者が、在留資格だけを取得すれば日本で働く事ができるというのは無理があるんです」と本岡社長は懸念を示す。

対象とする国はベトナム、モンゴル、ミャンマーなどが多く、日本のルールを知らない若者がほとんどだ。右側通行や大声で話さないなど、日常レベルの日本独自のルールをあらかじめ教えておかなければいけない。

「日本のルールを学ぶことで日本社会の中で上手くやっていくことができるのです。日本では『空気を読まんとあかんで』とかを教えます」と語る本岡社長。風習の違う国からやってくる若者を気遣う優しさがにじみ出る。

さまざまな国籍の外国人同士のコミュニケーションづくり

日本社会の風習、マナーを根気よく伝える

Ｗｏｒｋ ｉｎ ＪＡＰＡＮに登録している外国人は国籍や年齢、背景も様々だが、唯一、日本で働きたいと思っている点は共通している。夢や目標が共通している人たちが交流できる場があれば、より前向きな力になるのではないかと、外国人同士がコミュニケーションをとるためのお茶会なども行っている。人材を採用する企業側にも予備知識を伝えるために、外国人に関するリサーチは欠かせない。面接をする外国人の住む地域に出向き実際に文化を見て、育った風土から人となりを推察する。

「日本でどんなにその国についてリサーチしても、日本にいながら得られる情報だけではその国のことはわかりません。実際に現地に行くと、想像していたイメージとの違いに驚くことばかりです。でも、実際に見る事で、この人はこういう環境で育ったんだと感じることができ、身近に思えるようになります」

Work in JAPAN パンフレット

本岡社長が面接を受ける外国人と話していて感じるのは、日本人とは覚悟が全然違うという事だ。

「赤ちゃんがいる夫婦もいます。日本に働きに来るとなれば5年は子どもと離れなければなりません。でも彼らは5年さえ我慢すれば日本に呼び寄せることができるし、日本の教育を受けさせることができると言います。そういう固い決意で来日する人たちに幻滅されるような対応をしてはいけないと思います」と熱く語る。

しかし中には在留資格を「日本に来る手段」として利用する甘い考えで入国しようとする人もいるという。

「出社しなかったり、電話をしても応答しないとか。日本人の感覚としては何かあったのかもしれないと心配になりますが、ただ寝ていただけという場合もあります」

縁あって在留資格の手続などで関わった外国人が失踪したと聞いてその子の将来を憂いて落ち込むこともあったという。責任感の強い日本人には信じがたいが、彼らはキラキラと目を輝かせ純粋に夢を語っていても平気で約束を破る事がある。日本人と違って彼らは駆け引きが上手い。このため外国人労働者には、「働くということは楽しいことばかりではない」と教える。分かってもらうためには根気よく言い続けて、少しでも長く働けるように寄り添っていく。

企業側には、言うべきことはきちんと言う基本的ルールを伝える

外国人の雇用は雇用主だけでなくスタッフにもプラス面が多い

企業側も外国人労働者への接し方に戸惑っている。言葉にはしなくても相手の気持ちを汲み取るという日本に長く根付いた「察する文化」は外国人には通用しないからだ。

「日本の企業は外国人労働者を過度に大事にしようとする特徴があります。円満に事を済ませたくてオブラートに包んだ物の言い方をするのですが、大事にしすぎると外国人によっては甘え過ぎるケースもあります」

そうした過去の事例から企業側には「言うべきことはきちんと言う」という基本的なルールを伝えていく。日本人の憂慮をよそに外国人労働者の方は注意を受けても一向に平気な様子で、ここでも文化の違いがハッキリ分かる。日本人は衝突を避けるため本音を隠す一方、人の気持ちを察することができない相手を「悪い」と捉える傾向がある。気を遣って自己主張しない事は、かえって外国人との付き合いでは悪い結果を招くと本岡社長は指摘する。

「よく働いてくれて助かる、と喜んでくれる企業もあります。そういう会社は私たちが手を出すことは何もありません」と本岡社長。外国人を雇うことは雇用主だけでなくスタッフにとってもプラス面は多い。

異国の人を理解しようとするお互いの心が通じ合う瞬間は感動的だという。若い外国人労働者と接するうちに、気が短かった企業の担当者が温厚になったという声もよく聞かれるそうだ。

外国人労働者の受け入れ企業と情報交換を密に

新型コロナ禍に負けず改正入管法を軌道に乗せる

２０１９年4月に改正入管法が施行されて外国人の雇用の幅が拡大されたが、世界中に蔓延した新型コロナウィルスによって海外への行き来がままならなくなった。経済は一気に冷え込み、先行きに不安が隠せないが、本岡社長は「それほど悲観はしていません」といたって冷静だ。感染拡大で主要な業務は中断しているが、「まずはこの改正入管法を軌道に乗せること」としながら、それだけではなく「労働者を受け入れる会社との間で情報交換ができる仕組みを構築することが大切で

積極的にセミナーも開催

す」と訴える。新型コロナ禍に関わらず、これまでも飲食店や大工、左官、米農家など日本の伝統的な職種でも長年深刻な人手不足が続いている。一方、日本で働きたいという外国人は多い。

「日本人は親切で温かい」という彼らは日本に安心を感じている。「そうした外国人や日本企業が悪用されることには絶対にあってはならないことです」と気魂を込める。単身で来日した外国人が日本に根付いて、家庭を築いていく姿は感慨もひとしおだという。彼らを見守り心を尽くしてきた本岡社長だからこその想いだ。

座右の銘は「がむしゃらに、丁寧に、誠実に」だという本岡社長。「私はお客様に丁寧に、誠実にと、基本的なことしかしていません。それで選んでもらっていただけるということは、そこが一番大事なことなのかと思っています」どんなに忙しい最中にメールで相談を持ちかけられても、適当には返さずに必ずじっくりと向き合って対応するそうだ。

本岡社長の柔和で温かな笑顔に、外国人労働者と日本企業の信頼の架け橋になろうとする熱い闘志と矜持をみる。

President Profile

本岡佳小里（もとおか・かおり）

大阪府出身。甲南大学法学部卒業。平成 22 年 7 月行政書士登録。

行政書士として、外国人労働者が在留資格を取得するサポートを長年にわたって手掛ける。入管法改正を機に外国人労働者に対する多角的なサポートを決意し、令和元年 1 月株式会社 Work in JAPAN 設立、社長就任。

Corporate Information

株式会社 Work in JAPAN（ワーキンジャパン）

所在地	〒 541-0046　大阪市中央区平野町 1-8-13　平野町八千代ビル TEL 06-4301-3641　 FAX 06-4301-3642 URL　https://www.wij.co.jp
創立	令和元年 1 月
事業内容	職業紹介、コンサルタント事業、外国人向けコミュニティ及びメディアの構築・運営
企業理念	■ MISSION 外国人の「働きたい」をサポートし、企業の成長に貢献していきたい。 ■ SYSTEM ワンストップで、求職者と企業をつなげる。

《掲載企業一覧》

株式会社 足立商事

代表取締役　**足立　健実**

〒669-4131 兵庫県丹波市春日町野村 2359

TEL 0795-78-9620　FAX 0795-78-9621

APPLIED FAITH 株式会社

代表取締役　**徳永　誠**

〒100-0005 東京都千代田区丸の内 1-8-3　丸の内トラストタワー 20 階

TEL 03-5288-7321

EWP 株式会社

代表取締役　**桑原　匠司**

〒699-5512 島根県鹿足郡吉賀町広石 486

◉東京：OFFICE

〒103-0027 東京都中央区日本橋 2-15-3　和孝江戸橋ビル 4F

TEL 03-6206-9942　FAX 03-6369-3024

株式会社 インターフェイス

代表取締役　**林　満**

〒556-0017 大阪市浪速区湊町 2-1-57　難波サンケイビル 12 階

TEL 06-6648-8101　FAX 06-6648-8102

◉東京オフィス

〒104-0061 東京都中央区銀座 1-19-12　銀座グラスゲート 9 階

TEL 03-6264-4211　FAX 03-6264-4213

◉名古屋オフィス

〒450-0002 名古屋市中村区名駅 4-24-25　第二森ビル 5 階

TEL 052-583-5051　FAX 052-414-5661

株式会社 ESPRESSO

代表取締役　**牛田　寛千**

〒452-0943 愛知県清須市新清洲 1-4-6　セゾン新清洲 101

TEL 052-938-8505　FAX 052-938-8506

◉横浜本店

〒231-0002 横浜市中区海岸通 3-9　横浜郵船ビル 314A

TEL 045-680-0738　FAX 045-641-1031

FP グローバルパートナーズグループ 株式会社 プロセスイノベーション

代表取締役　**杉山　雅彦**

〒231-0015 横浜市中区尾上町 3-35　横浜第一有楽ビル 8 階

TEL 045-514-4589　FAX 045-307-3737

株式会社 おおきに

代表取締役　**野寄　聖統**

〒542-0082 大阪市中央区島之内 1-7-21　UK 長堀ビル 8 階

TEL 06-6459-7783　FAX 05034884173

紀洋木材株式会社

代表取締役社長　**桑原　健郎**

〒551-0013 大阪市大正区小林西 1 丁目 16 番 2 号

TEL 06-6552-6391　FAX 06-6552-5332

株式会社国際遠隔教育設計

代表取締役　**西澤　康夫**

〒500-8046 岐阜県岐阜市米屋町 24-1-702

TEL 058-215-0674　FAX 058-216-0818

株式会社 創発システム研究所

代表取締役　**中堀　一郎**

〒650-0035 神戸市中央区浪花町 64　三宮電電ビル 3 階 A-2

TEL 078-325-3220　FAX 078-325-3221

◉兵庫工場

〒652-0884 神戸市兵庫区和田山通 1-2-25　神戸市ものづくり工場 C-108

TEL 050-3728-5376　FAX 050-3728-5376

株式会社 匠

代表取締役社長　**後藤　元晴**

〒810-0072 福岡市中央区長浜 2-4-1　東芝福岡ビル 6F

TEL 092-707-3620　FAX 092-707-3621

◉東京営業所

〒105-0004 東京都港区新橋 6-13-9　REGRARD SHIMBASHI3 階

TEL 03-5422-1017　FAX 03-5422-1018

◉大分工場

〒879-1505 大分県速見郡日出町川崎 4260-1　川崎工業団地内 西棟

龍野コルク工業株式会社

代表取締役　**片岡　孝次**

〒679-4121 兵庫県たつの市龍野町島田 321

TEL 0791-63-1301　FAX 0791-63-3106

株式会社 中央シャッター

代表取締役社長　市川　愼次郎

〒120-0005　東京都足立区綾瀬 6-31-5
TEL 03-3605-0700　FAX 03-3629-1110

株式会社 横引シャッター

代表取締役社長　市川　愼次郎

〒120-0005 東京都足立区綾瀬 6-31-5
TEL 03-3628-4500　FAX 03-3628-1188

株式会社 ニシハタシステム

代表取締役　西畑　恭二

〒598–0021 大阪府泉佐野市日根野 4341-9
TEL 072-458-6090　FAX 072-458-6085

◉東京支社

〒151–0051 東京都渋谷区千駄ヶ谷 5-27-3　やまとビル 8 階
TEL 03-6865-6547

株式会社 フローラ

代表取締役　川瀬　善業

〒510-0855 三重県四日市市馳出町 3-39
TEL 059-345-1261　FAX 059-345-4164

吉野化成株式会社

代表取締役社長　**吉野　孝典**

〒192-0154 東京都八王子市下恩方町 1069-3
TEL 042-651-3885　FAX 042-651-9843

サンテクノ株式会社

〒101-0023 東京都千代田区神田松永町 16 番地（横川ビル）
TEL 03-3252-9271　FAX 03-3252-9273

◉テクニカルセンター
〒342-0027 埼玉県吉川市三輪野江 2023 番地
TEL 048-982-1241　FAX 048-982-8904

株式会社 Work in JAPAN

代表取締役　**本岡佳小里**

〒541-0046 大阪市中央区平野町 1-8-13　平野町八千代ビル
TEL 06-4301-3641　FAX 06-4301-3642

おわりに

新型コロナウイルスの感染拡大による景気の落ち込みが深刻化し、今後の国際経済、国内景気の動向が懸念されています。内閣府の「景気動向指数研究会」は今年七月末に、平成二十四年十二月から約六年の長きにわたって続いた国内の景気拡大基調は同三十年十月に終わり、景気後退局面に入ったと認定しました。インバウンドの激減や外出自粛が直撃したサービス産業を中心に企業経営を圧迫し、とりわけ企業数の九割以上を占める中小企業の多くが新型コロナ禍で深刻な経営危機に見舞われています。

また、「新冷戦」ともいわれる米中対立の激化に伴い世界的に貿易や生産が低迷し、とくに経済活動の停滞によるサプライチェーンの寸断が、自動車産業をはじめとした製造業全般にグローバリゼーションの見直しによる新産業秩序構築の必要性が叫ばれています。

昨年十月の消費税増税や長引く新型コロナウイルス禍から、わが国のGDP（国内総生産）は今年二〇％超の下落が予想され、労働需要の減少による若年層の雇用・所得環境の悪化、消費の停滞が景気の悪化を助長する負のスパイラルを誘引しています。世界的にも国際通貨基金（IMF）が、二〇二〇年の世界経済は大恐慌以来のマイナス成長幅になると警戒を呼び掛けています。

新型コロナウイルスの終息にはかなりの時間を要することが共通認識となっている中で、新型コロナウイルスと共存する「ウイズコロナ」の新たな生活変容、社会様式が模索されています。加速するデジタル化が牽引する国際社会のグローバル化も、新型コロナウイルスの世界的蔓延による相次ぐロックダウンや『自国ファースト』の動きなど多くの問題が指摘され、様々な課題が顕在化しました。なかでも経済界では消費者と生産者、流通者が共に新しい価値を創造して共栄・共存を見出していく「協創」の発想に立ち、幅広い産業分野で消費者が求めるオーダー品を大量生産品のように、安価に提供する「マスカスタマーゼーション」の志向が高まりつつあります。

産業界は様々なつながりによって付加価値を生みだすコネクテッド・インダストリーに自らを変革し、メガイノベーションを牽引することが期待されています。そして個々の企業、とりわけ中堅・中小企業が時代を先取りした戦略思考で、組織改革、創造的マネージメント、優れた人材確保と養成につとめ、魅力的な未来志向型企業文化の創設で産業界をベーシックに押し上げる原動力となることが求められています。

私たちはこれまで、個性的で独創的なビジネスモデルを立ち上げ、未踏市場、ニッチ市場を開拓し、オリジナル製品、独自技術、独創的なサービスで自ら揺るぎない地歩を築いてきた活力あふれる企業を精選して取材収録した「煌めくオンリーワン・ナンバーワン企業」をシリーズ出版してまいりました。そして、今回新たにシリーズ第5弾として「煌めくオンリーワン企業、ナンバーワン企業　二十一世紀を拓くエクセレントカンパニー二〇二〇年版」が上梓の運びとなりました。

本書に登場された企業経営者の皆さんは、新型コロナ禍にめげず、〝ウイズコロナ〟あるいは〝ポストコロナ〟を目指す持続可能な「生産性革命」のフロントランナーとして、斬新な経営手法を駆使した高い生産性と、企業価値を高め、大きな成果を上げてこられました。自らの口を通して語られたその貴重なドキュメントが、起業を志す人、新たなビジネスモデルの開発に勤しむ事業家、社会に羽ばたこうとする学生、〝ウイズコロナ〟あるいは〝ポストコロナ〟に向けサスティナブルな事業継続に邁進されている経営者の皆様にとって、些かのガイダンスとなればこれに過ぎる喜びはありません。

令和二年十月

株式会社　産經アドス
産經新聞生活情報センター

「煌《きら》めくオンリーワン・ナンバーワン企業《きぎょう》 2020年版《ねんばん》」
—— 21世紀《せいき》を拓《ひら》くエクセレントカンパニー ——

発 行 日	令和2年11月1日 初版第一刷発行
編著・発行	株式会社ぎょうけい新聞社 〒531-0071 大阪市北区中津1丁目11-8 中津旭ビル3F Tel. 06-4802-1080 Fax. 06-4802-1082
企 画	株式会社産經アドス 産經新聞生活情報センター
発 売	図書出版 浪 速 社 〒540-0037 大阪市中央区内平野町2丁目2-7 Tel. 06-6942-5032㈹ Fax. 06-6943-1346
印刷・製本	株式会社 ディーネット

ISBN978-4-88854-534-1